リベラル再起動のために

北田暁大
白井聡
五野井郁夫

JN144661

毎日新聞出版

はじめに

白井 聡

先日、とてもいい話を聞きました。

認知症患者の介護施設に、かつて新聞記者を務め、新聞社の重役にまでなったお爺さんがいた。このお爺さんは、自分がまだ新聞社に勤めていると思っているので、介護者を自分の秘書扱いし、「貴方はもう新聞社の人ではないのですよ」と言われると、怒りだし、手がつけられなくなる。困ってしまった施設の人たちは、ご老人への接し方を転換することにしました。つまり、本当のことを言うのをやめて、ご老人の妄想に付き合ってあげることにしたのです。

「おい、今日のスケジュールはどうなっているんだ」と聞かれると、「はい、○時から散歩、×時に入浴です」と言ってスケジュール表を渡してあげる。そうすると、ご老人は大人しく言うことを聞いてくれるようになった。気分のよくなったご老人は、施設での誕生日パーティーで司会役を務めるなど、とても生き生きと暮らせるようになったそうです。この社会には、各人には各人が果たせる役割が必ずある。どんなにボケてしまっても、そうなのだという話でした。私はこの話を聞いて、とても温かい気持ちになりました。

この話は正真正銘の美談です。しかし、この話の中で起きていることが、いま日本全体で、国家規模で起きていることと、実はまったく同じだとしたら、それは美談でも何でもありません。

どういうことか。

例えば、安倍自民党政権が目指す憲法「改正」。憲法を変えることによって、強く、美しく、伝統の素晴らしさを実感できる国に日本はなるのだ、と改憲派は主張します。しかし、それを実現するという憲法草案は、自由民主主義国家にふさわしい憲法の最低限の基準すら満たすものではない。

しかも、私が伝え聞いたところによると、この草案を作った自民党の代議士たち自身が、本音ではこの草案は出来の悪いものだと感じている、というのです。自民党憲法改正推進本部長として草案をまとめる立場にあった船田元氏が、「われわれは2012年の憲法改正草案が総理(=安倍晋三)の考える憲法改正の姿と理解しています。2005年の新憲法草案はもっとおとなしかった。2012年は野党時代でしたから、野党として自民党の原点に戻ろうという気持ちが強くて、少し勇ましいことも含めて、草案に入れ込んだ」と述べていることからも、この「本音の話」は事実であろうと私は思います。

安倍晋三氏は、立憲主義も三権分立も理解しておらず、ポツダム宣言も読んでいないというエピソードに見られるように、知的には極度に怠惰です。そんな彼の意向が濃厚に反映された憲法草案がまともなものになるわけがないと、本当は身内でも分かっている。しかし、周囲の誰もそれを止めようとしないのは、安倍氏が、彼にとってお祖父さん（＝岸信介）の遺志の実現である改憲に異常なまでの執念を燃やしてきたことを、みんな知っているからでしょう。ボケた人の半ばは個人事情に基づく執念に付き合ってあげているわけです。

あるいは、新安保法制にも同様の構図があるようです。「存立事態とはどんな事態か」をめぐって、国会では論戦が起こりましたが、政府側答弁は破綻していました。こんな状態ですから、今後この法をどのように具体的に運用するのか、官僚組織の側も戸惑っていることでしょう。つまり、安倍首相はこの新しい法によってあたかも「何でもできる」かのように思っているのに対して、周囲は「そんなことはない」と思っている、という状況の存在が疑われます。ここでもまた、認知症患者の妄想に付き合ってあげている、という状況があるのではないか。

本書の対話の中で、私たちは、政府与党だけでなく野党も含め、そこで起っていることがどうボケているのかを、それぞれの視点から炙り出すことを試みました。

この国が国民主権の国家であるかぎり、国民が認知症患者の暴走に付き合い続けなければならぬ義理など断じてないのです。

では、どうやってそれを止められるのか。これについても、私たちはそれぞれのアイディアを示しました。もちろん、「こうすれば絶対に上手くいく」などという威勢よいことを言っているわけではないし、そんな姿勢は無責任でしょう。

これからもっと多くの知恵が、たくさんの頭脳から出てくるきっかけに本書がなることを、私たちは望んでいます。そして今、荒んだ状態になっているこの国が、誰もが自らの役割と居場所を実感することのできる、そんな空間になる日を訪れさせたいではありませんか。

北田暁大さんと五野井郁夫さんとは、以前から交流はありましたが、じっくり時間を取ってお話をする機会には、これまで恵まれませんでした。にもかかわらず、鼎談は、深い信頼感に基づいた雰囲気で行なわれたと思います。それはひとえに、お二方が、何の腹蔵もなく率直に話すという、最も重要な作法を内面化した紳士であるために可能になった、と私は思います。貴重な時間に、心から感謝いたします。

リベラル再起動のために◎目次

装　幀　井上則人（井上則人デザイン事務所）
本文割付　土屋亜由子（井上則人デザイン事務所）
構　成　鈴木英生（毎日新聞社）

第一章

左派陣営の仕切り直し

■民進党の役割

北田暁大（以下、北田）　昨年は反安保法制デモが高揚しました。その一方で、今度の参院選後は憲法改正の具体化も考えられます。この状況をどう見るか、ということから話を進めていきたいのですが、まずは簡単に三人の立場を紹介しておきましょう。

僕は、民主党（現民進党）に政策提言をした研究者グループ「リベラル懇話会」の事務局。五野井さんは反安保法制の国会前デモについて、多くのメディアでその意義を語り、注目を集めました。白井さんはレーニン論で論壇デビューをして、『永続敗戦論』がベストセラーになっています。

五野井郁夫（以下、五野井）　端から見れば、北田さんがリベラル派、私が左翼、白井さんが極左という色分けでしょうかね。私は学問の方面からは保守主義者だと認知されることも多いのですが。

北田　それぞれ微妙に立場は異なりますね。これから話していく中で、その違いも見えてくるでしょう。そこから、左派・リベラルが抱える課題と今後の方向性も浮き彫りになるのではないかと思います。

白井聡（以下、白井）　去年の夏は、僕も何回も反安保法制のデモに参加したり、集会で発言したりしましたが、「法案が通るのは仕方がない。国民が彼らを与党に選択しているのだから。ただ、言うべきことは言っておこう」という気持ちでいました。とにかく、いろいろな面で安倍政権は問題がありすぎる。誰かが止めないといけない。潜勢力としては、第一は民進党です。しかし、苛立たしい思いをさせられることが実に多い。

北田　前身となる民主党については、最初に私たちのリベラル懇話会についての説明をしておいたほうがいいですね。もともと懇話会のメンバーに、民主党支持者は1割もいなかったと思いますよ。それでも「きちんとした政治のプレーヤーになってください」と言うとしたら、民主党に照準を合わせるよりなかった。

あとは、昨年夏、反安保法制の国会前デモとかが、僕らの世代がこれまで見たことがないほど大変に盛り上がったけれど、現状の野党の議席数では法案が可決されること、つまり負けてしまうであろうことは当然分かっていましたよね。この「ズレ」をどう考えるか。「学者である自分が何をなすべきか？」を考えたわけです。そこでまず、「民主党って何？」に答えを出そうと。共産党は一つの政治集団としてわかりやすいけど、民主党って、まとまった単位として見えないんですよ。

ただ、消費増税が決まり、株価の動向も怪しく、アベノミクスも難しくなりつつあった時期に、そこで左派なりリベラルの側が、「やーい！　やっぱ日本経済がダメになった！　アベノミクスは失敗だ！」と喜んでいるだけでは、恥ずかしいじゃないですか。というか、現実に対して無責任すぎる。そうではなくて、適切な経済成長と分配の方法を提案できて、具体的に「アベノミクスの何が悪く、どうするべきなんだ」ときちんと言える野党があればいいと考えました。

そこで、昨年秋に私や友人たちでリベラル懇話会を立ち上げたんです。その際、文章ではこう定義しました――「現在の与党に対して不満・不安を覚える市民にとっての有効な『受け皿』となりうるリベラル政党、健全な議会制民主主義が貫徹されるうえで与党に対する明確な対抗軸を提示しうる野党のあり方を原理的・政策的に考察し、実行可能性も重視した政治・政策パッケージを検討する研究会」。

要するに、野党には、安倍自民党政権に反安保法制、護憲以外でも対峙できる適切な政策を打ち出してほしい。適切な経済成長と再分配、リベラルな社会の構築を語ってほしい、ということです。会としては、岡田克也代表ら民主党議員との勉強会を経て、今年1月末に同党に意見書を出しました。

白井 なるほど政策も大事ですが、それ以前の問題として、民進党に政権を取る意志はあるのでしょうか。それから、「立憲主義の破壊に反対」というスローガンを安保法制の国会審議が続いている中では掲げていましたけど、本当にその言葉に責任を持つ気はあるのか。その後の民進党議員の振る舞いを見ていると、私は大いに懐疑的です。というか、客観的に言って、「ない」と判断せざるをえない。

私の地元、京都選出の福山哲郎参議院議員は、新安保法制反対の局面ではずいぶんがんばりました。それを見て、「そうか、頼もしい」と思ってたんです。昨年秋に直接会ったときは、『『永続敗戦論』にとても感銘を受けました」と言っていたし。ところが、今年1月の京都の連合（日本労働組合総連合会）の新年会では、「京都市長選は反共産党でがんばりましょう！」と挨拶していた。

北田　まあ、そこは（共産党が強く、他党との溝が深い）京都だし、（非共産意識の強い）連合だし……。

白井　そういう「常識」には、もうウンザリなんですよ。今の政治状況の悪さは、完全に常識を超えている。ならば、それを本気で止めるというのなら、従来の常識を越えなければならない。だから、これを聞いて「ああ、これは何も分かってないんだろう」と。

北田　たしかに今はそういうことを敢えて言う局面ではないですね。ただ、私は共産党と他党の連携は慎重にやるべきだと考えています。共産党が他の左派運動などと対立してきた歴史を、同党がどうとらえているのか？　この機会に聞きたいところでもある。

白井　京都について言えば、現職市長を推すことはとやかく言う筋合いの事柄ではありませんが、わざわざ「反共産党」と言い切った。『永続敗戦論』を本当は読んでいないのか、読んでも分からなかったのか……。

五野井　まあ、政治家という職種は呼吸をするようにリップサービスをするものですから。

北田　いずれにせよ、7月の参院選は、野党が3分の1議席を押さえたら、事実上「勝ち」です。だから、参院選後、長期戦を見据えた基盤作りの一つとして懇話会を作ったわけなんです。現状では、自民党に違和感を持つ人にとって、共産党に投票するほうが民主党（民進党）に入れるよりも合理的かもしれない。安保法制についてもしっかりと対峙しているように見えるし。そう考える人が一定程度はいるのではないか、と。

ただ、「左派は必ずしも経済成長を否定しない」と示したい、という実践意識もあります。もちろん立憲主義も平和も重要だし、反ヘイトなど社会運動の可能性は一度たりとも疑ったことはない。だけど、学者だからとれる別のやり方を、自分なりにしたいと考えたんです。

■共産党をどう見るか

北田　白井さんがこれまでずっと書かれてきた、レーニンの可能性とか、共産主義の原点にあったラディカリズムを取り戻せといった主張は、とてもよく分かるんです。ただ、その観点から、現状の共産党をどう見ます?

白井　よい方向に行っていると思いますよ。3・11以降の問題は、言葉の上でのラディカリズムではなくて、本気で今の権力を止める気があるのかどうか、ということでしょう。その「本気」が今の共産党からは見えます。実際に、共産党も全然ラディカルなことは言ってない。「安倍政権を止めよう」とかくらいですよ。

五野井　いや、それは十分にラディカルでしょう。「平和」を唱えることさえ、もはやラディカルですよ。まるでオーウェルの『1984』や、ブラッドベリの『華氏451度』のような世界になってしまった。

白井　歴史的経緯について言えば、共産党と他の政治勢力の関係が背負ってきた不毛な歴史に、われわれの時代は邪魔をされていると思いますね。

例えば、京都で平和運動をやっている年上の友人とこういう会話をしたことがあります。「アンチ共産党なんて今さら言っていても仕方ないでしょ」と私が言ったら、「昔はごっつうキツかったんやで」と。「連中は、投石機でデカい石を投げてくる。（自分たちが被っていた）ヘルメットも破壊されて、流血や。『それを忘れて、仲良くしろ』と言われても、なかなか……」と。われわれのように、職業上の習慣として昔のことを何でも知りたがる人間にとっては、こういう話は実に味わい深いものなのですが、一方で、僕らを含め今の若い人は、そんな過酷な抗争なんて実際に見たことがない。ある政治集会で聴衆に聞きました。この中で、最近共産党関係者と殴り合いをやった人はいますか、と。もちろんゼロです。もうだいぶ前から、共産党系と非共産党系の活動家の間には、激しい対立もなければ、交流もないという状況になっている。だから、「嫌いだ」と言っても、皮膚感覚では相手を知らず、先輩から受け継いだ相互不信を続けているだけ、ということなんじゃないのか。

少し前に、共産党参院議員の小池晃さんと会話した時に、「我が党がもっと躍進するにはどうすればいいですか？」と聞かれました。私は、「まずは、正統派信仰を捨てるべきです」とお答えしました。これまでの共産党は、自分たちだけが本当に戦ってきた「唯一の前衛」だと誇り、他の左派的政治勢力を下に見る態度が拭えなかった。そこから、党を辞めた人を悪しざまに罵る「党風」も生まれる。「ああいう組織文化を自己批判し、決別すれば、党勢はもっと伸びると思います」と率直に言いました。小池さん曰く、「世代交代に伴って、変化はしてきていると思う」とのことでした。

それから、小沢一郎氏の金銭スキャンダル（2011年に小沢氏が起訴された）の時、「しんぶん赤旗」の論調なんて、まったく撃つべき敵を間違っていた。あの政治資金規正法違反事件は、当時の民主党政権を潰そうとする検察の暴走なのに、共産党は小沢氏叩きに力を入れた。まさに国家の罠に進んでハマっていたわけですが、共産党関係者から「どうすればいい？」と聞かれたときには、このことも指摘するようにしています。

今は、これだけ安倍政権がひどい状況なのだから、野党による権力奪取は本来、簡単なはずです。たとえは悪いかもしれないけど、こういう状況です。2人組の強盗が綿密な計画を立てて、まさに今こちらに走ってくる10億円を積んだ現金輸送車を襲おうとしている。計画は完璧だから、あとは実行に移すだけ。で、待っている間に、強盗の1人が、「お前、あん時に10万円ちょろまかしたただろ」と相方に向かって言い出した。相方にも言い分はあるので、「いや、ちょろまかしたのはお前のほうだ」と言って、口論になった。「お前だ」「いや、お前だ」とやっているうちに、現金輸送車は目の前を通り過ぎる。10億円奪える時に、昔の10万円の話をしている。こんなことをやっているかぎり、権力なんか取れるわけがないです。言い方を換えれば、10億円獲得することをリアルに想像していないから、昔の10万円のことが気になって仕方がないのでしょう。

たしかに感情面で一筋縄ではいかないことが積み重なっているから、共産党は、「スタンスが変わった」ことを示すために、もう一歩踏み込んで過去に対する批判的総括をすべきではないかとも思いますが。

北田　私の世代以上で社会運動に関わったり、社会運動に興味がある人は、共産党の負の歴史を、嫌というほど学んできてますからね。同じ共産党を見たって、今の20代の人たちに見える風景とは違ったものが見えてしまうのは仕方ない。

白井　そう見えてしまう世代が、もはや間違っているのではないですか？　歴史を知っていると「彼らと組んで大丈夫か？」とか、「本心ではわれわれに敵対しているはず」とか思ってしまうのも分かるけれど、そういう抵抗感を持ち続けているために行動できない世代は、ひょっとしたらもう今後は出番がないのかもしれない。

いずれにせよ、この程度のことが乗り越えられなくてどうするんですか、という話です。薩長同盟ができる前、何があったか。禁門の変ですね。これは戦争ですから、薩摩と長州は、ゲバ棒を振り回したどころの話じゃなく、刀と鉄砲で殺し合いをやっているわけです。それでも彼らは手を組んだ。そうやってできた権力が今に至るまで続いている。安倍晋三さんだって長州の人ですからね。あちらからすれば、力を結集できない左派なんて、実にチョロいもんだと見えることでしょう。和解が必要なら、和解すればいいのです。その意志があれば、方法は見つかる。

■共産党の変化

北田　そもそも白井さん流のレーニン論、前衛論で言えば、共産党がこれ以上大きくなるのは、革命から遠ざかる道なんじゃないですか？　大衆の無意識に革命を訴えるべき党が、無原則に拡大しようとして大衆そのものになってしまう。「大衆党」とか、党名を変えるとか、絶対にやめたほうがいい。下手にデカくなるより、今の顧客をがっしり捕まえておくほうが……あ、ちなみに僕は、けっして共産主義が嫌いなわけじゃないんですよ。日本共産党という党の歴史について語っている。反共視点で批判してるつもりはないですから。

白井　「ボリシェヴィキ」というのは「多数派」という意味ですから、どんどん大きくなったほうがよいのです。その大きくなるべき左派が、日本共産党であらねばならない、ということではありません。

それはともかく、共産党が、党員にしっかり規律を守らせる組織だからこそ、小選挙区制が導入されても存続できたのは、その通りでしょうし、規模の拡大と組織の在り方が矛盾をきたす恐れもあることは事実でしょう。今のところ議員は少数精鋭だから、国会での質問のレベルも高い。これは、かつての社会党や今の民進党にいる労組のダラ幹（堕落した幹部）上がりの組織議員との大きな違いです。

少し前も、共産党が防衛省の機密文書を代表質問で使ったりしましたよね。あの資料は、民主党にも送られていたらしい。しかし、民主党では誰も見ないで放置していたと聞いた。つまり、組織の体をなしてない。ほぼ唯一の闘う組織が共産党なのは、残念ながら事実ですよ。

北田　共産党の顧客は、一般にけっこう多くいますよね。固定客がいるところに、安保法制批判でさらに増えた。無党派層でも、国会前デモに共感的な人はそれなりにいて、そういう人たちの票も集めうる。共産党がある時期からは9条護憲を前面に出してきたことを信頼する高齢者も多い。もし仮に反安保法制で連立政権を作っても、「9条2項（戦力不保持を謳った項目）を削除せよ」なんて人たちと組むとしたら、顧客に「ありえない」と思われるでしょ。共産党は共産党らしくしていればいいいんじゃないか、と。

世論調査を分析しても、共産党は支持率が20パーセントになるような大躍進もないけれど、これ以上失うものもない。失わないし、失えない。民主党（民進党）は失うとなったらどこまでも失いますよ。すでに失いつくしつつあるかもしれない。だから、ポピュリズム的な発想は民主に任せて、共産党は我が道をいけばいいいんじゃないかと。

白井　僕自身の立場は、永続敗戦レジームという体制が戦後の中枢であり、もはや宿痾であると主張してきたわけで、僕と考えの近い政治勢力を支持するだけの話です。民進党の一部には同じ見解を持つ人もいますが、多数派ではない。覚悟が固まっていない中間派と右派は、しょせん、（米国の）傀儡の二軍ですよ。

五野井　先ほどの北田さんの「顧客」の話に関連させて言えば、たしかにある年代までの非共産系活動家には、かつての闘争時の記憶と身体性、例えばヘルメットを割られたような体験に基づく憎悪がありますよね。でも、例えば２０１１年以降の脱原発や反ヘイト、国会前デモの現場にいる30代後半以下の人を見ていると、彼らは、かつての共産党の硬直性を知らない。よくも悪くもしがらみがありません。それはそれで私は危惧するのですが。そもそも、私は政党というシステムに警戒心があるので、与党に対しても、共産党に対しても相当に辛口です。

白井　五野井さんの危惧はよく分かります。こちらから見ると、「ええ、大丈夫なの？」と思ってしまうけれど、そういう「無知ゆえに勇敢」な世代が現れることで、共産党の体質もよい方向に変化しうるんじゃないかな。これはもちろん楽観論ですけどね。

五野井　たしかに共産党は、世論調査でも選挙結果でも、支持が増えている。社民党が食われているとか、民主党（民進党）が不甲斐ないからとか、いずれにしても、「もう、共産党しかない」と思う人が増えている。たしかに、２００２年から共産党本部ビルを地域住民や町内会に貸し出すなど、「国民に開かれた」オープンさを打ち出しているし、ネット選挙解禁に伴い近年ＳＮＳ上でのＰＲ部隊として活動しているカクサン部などは、新たな日本共産党イメージを打ち出しています。

では、共産党がどこまで他の既成政党に失望した人々の受け皿として頼れるか？　と言えば、「鉄の檻」とでもいうべき徹底した官僚制的な中身は、あまり変わっていないところが多い。もちろん、他の政党があまりにもふがいないので、ビューロクラシー（官僚制）は必要なのだけど、でもそういう硬直的な党の姿勢が明らかになると、票を入れた人たちの幻滅を招くのではないでしょうか。

その前にもっと柔軟なボトムアップの意志決定機構を作る必要がありますね。あるいは政党要件などを国がいじって非合法政党にしてしまうといった戦前の状態が訪れるのが先か分かりませんが。いずれにせよ、このままの政局と社会の空気では共産党には失うものが相当あると思います。「自分たちが赤狩りにあう」という危機感をすごく持っている。

白井　私も持ってますけど。

五野井　われわれは共産党員ではないけど、左派―リベラルとして括られている人間は、将来の可能性としては全員そうでしょう。とにかく、あの共産党がほぼ全部譲歩という形で他の野党にアプローチをして、大衆路線をやっているのは、彼らなりの極めて合理的な計算があると思います。さりげなくネガティブな過去に対しての清算もぽつぽつと行っている。例えば国会での反ヘイト法への賛成などは、反差別のものでは、事実上初めての賛成だったのではないでしょうか。それらは大いに評価に値するけど、オキュパイ運動やポデモス（スペインの新鋭左派政党）、SEALDsなどネットワーク型の意志決定が力を発揮する時代に、まだ組織の体質にはトップダウン的な側面があります。もちろんそういうリーダシップがなければ、あれほどまでに大胆な野党共闘はできなかったのですが……。

北田　共産党も過去の反省とともに、ポジティブに、ぽんぽん経済政策とかも出して、ブレずに動いたほうがいいと思うんだけれど。

五野井　核の部分を変えずに、ある程度の大衆路線も併走させていけば問題ないでしょう。ただそこで（憲法9条の）2項削除とかまで呑んでしまうと……。

北田　そんないいかげんな話は、民主党（民進党）に任せておけばいい。

■野党共闘への評価

白井　共産党が「9条2項削除の人たちと組んだりしたら……」という話もありますけど、でも、参院選に向けたこの間の野党共闘や民進党結党は、社会運動の側からみるとけっこう大きな成果ではあります。「お前ら、権力を取る気があるのか？」とかけ続けたプレッシャーがある程度、実った。ただし、本当に時間がかかった。選挙協力が絶対に必要だとずっと前から分かりきっていたのに、決断するまで安保法制が通ってから半年近くもかかってしまった。やはり民進党が本当にだらしないということは、まずもって指摘しておかねばならない。

次に民進党の中身です。本来は、リベラルなり社会民主主義といった理念で一致団結して、僕が「永続敗戦レジーム」と呼ぶもの、つまり特殊な対米従属の権力構造と対決をする集団を作らねばならない。これも分かりきった話。だが、民進党にその覚悟はない。具体的には、右派を切れない。

前原誠司、長島昭久、野田佳彦といった面々がいるかぎり、このような集団には絶対になれない。

民進党についてはもう一つ、支持団体である連合の悪質さが表面化してきた。連合は、結局のところ本当の意味での労働組合ではない。労働組合の名に値しない。政府の政策に追随しておいしいところをもらいたいだけの「労働貴族団」ですよ。この間も共産党との連携を阻止しようと、一番裏で工作をしてきたのは連合だと暴露されています。連合が民進党の支持団体であることがすでに不自然で、自民党支持に鞍替えしてくれれば、いっそのことすっきりするのですが。

五野井 たしかに連合やその傘下のいくつかの労組は、政府に付き従っている。本来、マイナンバーのようなものは、政府に情報の集約化を促すのに対して、私企業や市民社会の側は情報へのアクセスができなくなるなど、非対称性を助長するので、労組は賛成すべきではないと思いますが、むしろ率先してやっている。マイナンバー関連の業界労組は、「マイナンバー、ぜひやってください！」とお願いしているわけです。政府の利益が業界の利益と繋がっているので、そうした関連業界の労組は、諸手を挙げて賛成ではないものの、政府方針に強くは反対もできない。

ただ、近年はそうした人たちでさえも、市民運動・社会運動の側が牽制することで、今回の野党共闘が実現できた。あまり機能していない労組をどう押さえ込むのかは今後も課題です。

北田 でも、連合が共産党を警戒するのは、歴史的経緯があって仕方ない部分があると思うよ。

白井 またもや歴史的経緯。つくづくウンザリします。

北田　そんなことを言わない（笑）。歴史認識は大切ですよ。そういう人たちが牛耳っているんだから仕方がない。連合内に、「この際、自民党の左派である宏池会系に近づいてもいいか」みたいな話も出てきた。民進党が彼らを失ったらけっこう大変なことになる。連合の集票力はさほど大きく見積もらなくてもいいけれど、民進党右派と連合が丸ごと出て小政党を作ってしまうと、野党がもう1回分散する。連合の動きは、今、ひとまとまりになったものをもう1回ぶち壊すくらいの力はありますからね。押さえ込むというよりは、なだめすかさないといけないと思います。

五野井　とはいえ、共産党と他党の連携ができたことは、民進党結党よりも重要でしょう。

白井　僕もそちらのほうが重要だと思います。

五野井　たぶん7月の参院選ではまださほど影響は出ません。なぜなら、初めてのことだから。もちろん地域レベルでは、大阪での反おおさか維新の動き、昨年の「都構想」住民投票などで共産党と他党の連携はありましたが、党首が他の野党の党首と話をして共闘を決めたのは、初めてのことですよね。

共産党の人は他党と共闘した経験がほぼなく、手探り状態。「他の党の事務所に行って話をしなきゃいけないんだ」とか、ぎこちないながらも、やっと始まりつつある。1回の連携ではそんなに影響が出るかわからないけど、2、3回と経験を積めば、着実に他党との阿吽の呼吸ができてくる。自民党と公明党も20年近い連携の積み重ねがあるわけです。似たことを共産党もできるようになってくれれば。「共産党の世俗化」と言ってもいい。

白井　信頼感は地道な交流を通してしかできませんからね。

五野井　今まで、共産党の議員は地域のお祭りで焼きそばを作ったり、お神輿を担ぐような汗のかき方はあまりしてこなかった。でもそういうことをやるのが野党共闘、政党連携です。日本の政党連携は泥臭い。それを共産党が学べるという意味で、民進党と組むことは意味がある気がします。

■社会民主主義政党がない

北田　同時に民進党については、要するにこの国には社会民主主義の政党がない！　バーニー・サンダースもいないし、ジェレミー・コービンもいない。ポデモスもない。

白井　この国には、「第三の道」（新自由主義の原理とある程度妥協した社会民主主義的路線）すらなかったのですから。だから、そういう勢力を作るためには、「野党が分散してはいけない」みたいなことを言っていても始まらない。なだめる必要などないです。むしろ、敵は敵としてはっきりさせる必要がある。

北田　旧民主党は霞ケ関みたいなことを言ってきた。とにかく、あのへんは財政健全化が党是ですよね。

五野井　最近でも民進党は、消費税を10パーセントに上げろと言っていますよね。自民のように観測気球を上げて世論の反応を見るのとは違って、悪い意味で本気度が見え隠れしています。

北田　しかも、消費税増税の延期反対って……（苦笑）。もう、どっちが与党でどっちが野党なのか、外から見ると大爆笑の事態が起きている。

政治は勝たないとお話にならないんだから、「まずは勝ちに行こう」と一生懸命呼びかけてみても、あの本質は変わらない。旧民主党の岡田・野田ライン、細野（豪志）さんも含めてみんなそう。先ほど「旧民主党の右派を切れ」という話があったけれど、右派を切ればその人脈を切ることにもなる。おそらく旧民主党の3分の1ぐらいは失われる。

白井　それでもいいんじゃないですか？

北田　それも、シナリオの一つとしてはあります。でも、本当はやはり、彼らが「経済成長もちゃんと考えます」という社会民主主義政党であってほしい。それなのに、残念ながら財政緊縮を訴えてしまう。やはり、サンダースが言うようなごく穏当な「弱毒化された社会主義」、社会民主主義政党がほしい。

北田　最近、江田三郎（政治家、社会党書記長など歴任）の本を読んでるんだけど――。

白井　今、なぜ社民勢力がこういう体たらくになっているのか考える上で、江田三郎の問題は重要だと思います。

北田　構造改革論ですね。彼の提唱した江田ビジョンは、「アメリカの平均した生活水準の高さ」「ソ連の徹底した生活保障」「イギリスの議会制民主主義」「日本国憲法の平和主義」の4つを評価して、いわば、日本型社会主義を展望しようとした。旧社会党は、党内にああいうポジションがあったからこそ、そこそこに支持者の幅がある政党だったんですよね。それが、60年安保を経て、民社党が社会党から分裂し、さらに江田らが完全に愛想をつかして1977年に抜けて、社会市民連合（後の社民連）を作る。こうして、社会党は弱体化してゆく。

白井　その通りです。

北田　「おたかさんブーム」（80年代後半、土井たか子委員長の下での女性議員ブーム）で一瞬盛り上がったけど、そのまま低調になった。最大の支持団体だった総評（日本労働組合総評議会）も弱体化し、連合に再編された。そのあげくに今があるのだけれど、今後怖いのは、「経済政策なき民社党」が生まれること（笑）。

白井　そうなってしまうなら、役立たずとして清算・淘汰されればよいと思いますが。

北田　弱小政党のくせになぜか霞ヶ関の役人みたいな顔をして、「財政を健全化しろ！」ばかり言う意味不明の政党ができる。与党の経済政策に対抗して「あなた方を豊かにしますよ」って言うのではない野党が、第一党になっている状況ですよ。

先ほども言ったけど、今のままでは選挙協力が全部上手くいったとしても、7月の参院選の勝利目標は、3分の1を超えるかどうかですよね。

白井　現実的な勝敗ラインはそこに設定せざるをえない。

北田　そこで勝つは、勝つでしょう。勝ったあとの政界再編が大事で、広い意味で連合的なあの層と、自民党左派が割れてくれることを祈るしかない。

白井　自民党左派には何にも期待できないと思います。というか、宏池会的なものなんて、左派と呼ぶに値しない。彼らは常に自称トップエリートとして時の権力にすり寄るということを基本スタンスにして、すでに久しいでしょう。彼らの「譲れない一線」はどこにも見当たりません。

北田　少し先に、安倍さんが辞める時がタイミングかなと。あるいは同時選挙になった場合に、自民党が勝ちすぎて党執行部の求心力が失われるぐらいのことがないかぎりは、起きない。とはいえ勝ちすぎても困る。結局、僕も自民党が割れることはありえないと90パーセントぐらいは思っている。

あるいは、野党共闘がもっと幅を広げるためには、やはり穏当な社会民主主義政党が必要だと思う。「とにかく学費は無償化」や「貧困対策をきちっとやります」はもちろんのこと、その先の「中間層をもう少し豊かにしましょう」に踏み込む。

中間層の相対的な剥奪感はどこの先進国でも強くなっているわけですよね。アメリカならば、白人男性がトランプ支持に流れている。ただ、アメリカならばサンダースなり、クリントンなり、とにかく他の選択肢もある。日本は、いわばトランプとクルーズしか選択肢がない。今の民進党は社会民主主義とはとうてい言えないし、共産党が社会民主主義に乗り換えるにはまだハードルが何段階もある。そもそも、乗り換えてしまうと、党が解体しかねない。

白井　共産党だって、すでに事実上、社民主義でしょう。

北田　でも、経済政策はない。共産党も本気でやるならば「社会党」という名前をもらっちゃうとかね。

白井　何だか「新社会党」みたいだ。

北田　あえて、「日本社会党」と名乗る。とにかく現実的な、かつての社会党左派くらいのところで、連合にも何となく一緒にいないといけないと思わせるぐらいにウイングを広げるか、あるいは今の固定客をきちんと掴んでおくか。共産党にあるのは、この2択だと思う。

■社会党はなぜ弱体化したか

白井　先ほど江田三郎さんの話が出ましたけれど、北田さんはどういう動機で読んでいるのですか？

北田　そんなに評価しているわけじゃないけれど、ああいう人がいたからこそ、社会党は都市中間層にも受けたのだろうと。

白井　この50年ぐらいの少し長いスパンで見ると、日本の各集団も個人も、自らに都合の悪い現実の変化を認められないがゆえに適切な行動が取れず、どんどんグダグダになり、市民社会全般も弱体化していく流れがずっとあったように思います。

江田三郎の構造改革論が、なぜ社会党内で受け入れられなかったか。彼の示した方向性は、まったく正しかったと思いますよ。古典的なマルクス主義のテーゼが、高度経済成長の現実に合わなくなってきた。資本主義が発達するほど人民は窮乏化するはずだったのに、明らかに現実は違う。だから、社会党も打ち出し方を変えて、階級政党から国民政党にならなければならない。その考えは正しかった。何が悲惨だったか。当時の社会党の人も、やはり多くは江田の主張を正しいと内心では思っていた。にもかかわらず、江田が委員長になれなかったのは、個人的な行きがかりやゴタゴタの結果ですよ。

北田　党内政治でしたよね。

白井　そう、派閥争い。それで最終的に、彼は絶望して社会党を離れる。本気で「江田は理論的におかしい」といって対立したのならまだ救いがあるけれど、理論的に正しいと思っているくせに「あいつは気に食わない」で認めない。結果、社会党は国民政党に脱皮できず、総評頼りの政党に純化していった。結局、国労（国鉄労働組合）が国鉄分割民営化の過程で弱体化させられることで総評も消滅し、社会党はすべてを失っていく。

北田　まったくその通り。それと、社会党が江田と同時に失ったのは、経済政策。完全に安保、護憲に軸足を置いてしまった。80年代ぐらいになると、共産党と何が違うのか、普通の有権者には分からなくなっていた。しかも最後は、村山富市さんが1994年に首相になって、安保も自衛隊も容認。そこで手放したものは……。
　まあ、国民政党化に抵抗した社会党左派の気持ちも分かりますし、当時は左派のほうが数が多かったから仕方ない面があるとはいえ。
白井　社会党は、顕教としては構造改革論で、党内の密教として向坂イズム的なものを保持する、という体制にしていれば、こんなことにはならなかったはずだと思う。何せ「第三の道」すらも存在しないんですから。
北田　江田さんは江田さんで、少しスターすぎたのかもしれない。ともあれ、僕は単純に、江田ビジョンの時代まで政党状況を戻してやり直すには、どうしたらいいのかとわりとまじめに考えてます（笑）。
白井　江田三郎の件からも分かるように、これは理論的正しさの問題とは何の関係もないんですよ。人間の行動様式の問題です。「こういう方向へ行かなきゃいけない」と皆が頭では分かっていてもできないという悲惨な状況が、江田の時代にもあったし、今もまったく同じですよ。
　この前、日教組の集会で講演をして、幹部の方々とも話したんです。「今度の参院選で自民党などの3分の2議席獲得は阻止しなきゃいけない。共産党の共闘提案に皆さんはどう対応するのか」と聞いてみた。共産党と安倍政権のどちらがイヤなのかと。共産党のほうがイヤならば、それはそれで一つの考え方です。ただ、「それならば戦争法案反対とか脱原発とか寝言になるから言うな」という話のはずです。

■もっと経済論議を

北田 共産党はいちおう、今でも階級政党でしょ?

白井 そんな綱領、誰もあまり気にしていないと思いますが、どうなんでしょう。

北田 共産党が綱領を大切にしなくなったら、綱領を大切にする政党が日本から消滅するんだけど(笑)。

白井 これまたこの前、『しんぶん赤旗』の人に「志位さんがこれだけ他の野党に歩み寄る方向に出たのは、共産党員として驚きじゃないですか?」と聞いたら、「いや、そうでもありません」と。数年前の党大会で共闘を排除しないと決議しているんだそうです。なるほど、こうやって抽象的な可能性について決議をしておいて、あとで採れる選択肢を増やしておくわけですね。それで、実際に自党候補を立てないことになったら、「この決議があるから大丈夫」と持ち出してきて、根拠づける。こういうことをきちっとできるのが、組織としての共産党の特徴ですね。

北田 私は、他人事ながら共産党の既存顧客が逃げてしまうんじゃないかと心配していますが。

白井 顧客の話をすると、権力を取るためには、当然、もっとファンを増やす必要があるわけですよね。どうやって増やすか。例えば、今5人の顧客がいます。この5人を絶対に引き留めておくべきか、今いる5人が全員いなくなることも覚悟の上で、新しい10人を獲得することを狙うのか。後者の発想がなければ、絶対に権力は取れない。

北田　繰り返し念を押せば、私は共産党に関して、部落解放同盟との軋轢など他の社会運動、左派勢力との歴史について、いろいろと文句がありますよ。けれど、共産主義アレルギー、社会主義アレルギーでは全然ない。日本共産党批判が即座に「共産主義アレルギー」と呼ばれるのはとうてい納得いかない。

経済は、本来なら共産党にとって一番重要なファクターなはずです。だってマルクス主義って経済理論ですよ？　それと、共産党は、帝国主義、特にアメリカ帝国主義についての位置づけを1955年の党の再統一以降、ガッチリ押さえてきたわけですよね。「アメリカ帝国主義に従属する日本独占資本」という構図を情勢認識の根っこに置いて、そこは揺るがない。それ以前の分裂や路線闘争などまるでなかったかのようです。社会党はそこを自由に議論しすぎて割れたようなところもある。共産党は、せっかく社会党みたいな悲惨なことにならず生き延びたので、そろそろここらで、経済論議をかましたらいいんじゃないかな。ちゃんと現代の経済学と対話可能な語彙を用意して。

白井　共産党にかぎらず、左派が経済論議をやるのは賛成です。

北田　「企業の内部留保を引き出せ！」だけじゃなく、「具体的にこう動かせば、中長期的にこう成長する」って話を聞きたいんですよ。ソ連だって朝鮮民主主義人民共和国だって「豊かさ」を初期は追求していたわけです。言えるとは思えないけど、「クルーグマンなんか間違ってる」でもなんでもいいから、堂々と党内外で論戦する。マルクス経済学といっても、分析的マルクス主義とかいろいろな手法が増えているわけですよね。中には、必ずしもリフレや財政出動を否定しない松尾匡さんのような人もいる。

綱領は残していいし、むしろ、綱領に忠実である政党こそ、よい政党だと思う。日本の他の政党は皆いいかげんすぎるから。自由民主党も改憲を謳いながら、今の今まで手を付けられず、ようやく安倍さんが本気になって、綱領を思い出したと言えなくもない。そもそも、自民党の綱領はどうとでも取れることしか書いてないですよね？　民主党も90年代の「なんとなくリベラル」みたいな匂いがするみたいな、抽象的でモヤモヤした〝よいこと〟しか書いていなかった。

白井　今回の民進党の綱領も中途半端なものです。

北田　ところが、共産党だけは、やはり気合いが入っているわけですよ。その気合いは抜かないほうがいい。逆に、昔の社会党がこの気合いを少しでも持っていたら、党の崩壊を防げたんじゃないかと思う。小選挙区制のせいなんかにしてはいけない。それはともかく、共産党は議論を巻き起こしていい。今後も、安保法制の是非で与野党がブレることはあまりないでしょう。参院選後の次の手、何をするかを考えたとき、共産党が面白い経済政策を出したら、私は共産党に投票しますよ。

白井　そこで言う「面白い経済政策」は、どういうイメージですか？

北田　現時点では、共産党に経済政策イメージがない。「大企業が溜め込んでるから引っこ抜け！」では、「ちょっと待って。それを引っこ抜いて成長に繋がるの？」「企業を委縮させることなく内部留保をどうやってはき出させるの？」「どうやって設備投資に誘導するの」という話で。

五野井　例えば、「内部留保をはき出させろ」でも、その先が見えない。パナマ文書問題も出てきたことですから、もっと具体的に名指しでやるべきでしょうね。でもそれをやると「共産党アレルギー」が発動される可能性があるかもしれません。

北田　うーん。

白井　だから、あまり言っていないのかもしれない。

北田　それにしても、共産党内に理論家は大勢いるはずだから、党内で現状に合わせた経済論争が沸き起こるくらいの元気があればいいと思う。

白井　党内に経済学者はいっぱいいますしね。パナマ文書に絡めて言うと、徴税逃れを防ぐためのグローバルな仕組みを国際的に構築します、と提言すべきでしょう。これ自体、一種の経済政策だと言える。

そういう要求を突きつける政治勢力をどうやって作るのか。連合の中では左派系と言われる、ある労組の幹部に、「連合なんか支え続けて、どうするのですか？」と聞いてみたのです。その組合の組合員は、脱原発運動の現場などでも頑張っています。でも、連合が本気で脱原発を打ち出すなどありえない。だから、「元総評系の労組は、連合を抜けるべきじゃないですか」と。

北田　ラディカルだ（笑）。

白井　そうしたら、「その通り。考えないこともない」というような答えでした。だけど、彼らが全労協（全国労働組合連絡協議会）なり連合の外の労組と連携するといった、本当に具体的なプランを練っているようには見えない。つまり、本気じゃない。こういうのばかり見ていると、本当にイライラしてきますよ。それに比べれば、安倍さんの「権力への意志」は本物ですね。

五野井　とりあえず幹部は、自分の代だけやり過ごせばあとは安泰というふうに、労働運動が会社組織内の出世の道具や他人事になっている労組はいまだに多いですね。

北田　彼らは官僚だから。

白井　要はニヒリズム。どうでもいいと思っている。

で、今の連合では、脱原発ならば電力労連が大きなネックだというけれど、「再生可能エネルギーだって、拡大すれば雇用が生まれるわけだから説得は可能じゃないですか」と聞けば、やはり「その通りです」と。より問題なのは基幹労連だそうです。原発のプラントを造っている企業の労組が入っているところですよね。これが、防衛産業ともほぼ重なる。

武器輸出の解禁や防衛装備庁の設立とも絡みますが、今後、日本が国家として戦争経済に向かっていくとしたら、連合の中核部は間違いなくこの流れに乗る。そんな連合を左旋回させるどころかニュートラルに戻すことも、現状では絶対に無理だと思います。

■経済政策の実効性

白井　経済成長の話をすれば、どうやって定常経済（経済成長を目標としない経済）でやっていけるシステムに日本を組み替えるかが、中長期的、いや、ひょっとして短期の課題となります。「経済成長を取り戻す」という発想では、どうにもならない。というよりも、もはや今の時代、成長のためには戦争をするしかない。1929年の大恐慌を最終的に解決したのは第二次世界大戦ですよね。大戦争で焼け野原になれば、あとは復興するしかないから経済成長を取り戻せる、これは間違いない。今の世界資本主義の情勢は、そこまで来ている。

北田　ただ、ドイツでワイマール共和国時代の中道政党だった民主党は、マックス・ウェーバーらが立ち上げて、フリードリヒ・ナウマンらもいたわけです。このあたりの勢力がだんだんと弱くなった。つまりインテリゲンチャによる社会的なものを作ろうとする動きが弱まっていき、結局パンを食わせてくれる――。

白井　ナチス。

北田　そう。ナチス政権が成立した時には、もう景気はよくなってたんですよ。なっていたんですが、人々は「もっと、もっと」となっていく。この経済をどうハンドリングするか、あるいはどういう構想を人々に夢見させ、実感させるかも広義の政治だと思います。民進党は「貧しくても清く正しく生きよう」と言うわけでしょ。でも人々は「1杯のかけそばでは嫌だ！ 2杯食いたい！」と。

白井 どうでしょうかね。成長志向なのか、清貧の勧めなのか、民進党には確たる統一見解はないと思いますが。

北田 違う。さらに「天井食いたい」と思うのが民衆であって。近代的な大衆民主主義の時代に、こうやって経済を問題にするのは「経済至上主義」ではない。経済至上主義ではないけれど、経済は大きな政治的資源となる。

白井 たしかに第二次安倍政権をみていると、彼らは非常にそこを強く意識している。「結果なんかどうでもよいから、とにかく経済政策で何かとても努力をしているというポーズを取ることが大事だ」ということをよく理解している。だから、政権発足当初は右翼的なアジェンダはほとんど取り上げず、まずはひたすらアベノミクスでした。

北田 そう、よく分かっている。だから、安倍さんはいまだに経済には口を出さない。

白井 興味ないんでしょ。

北田 興味がないし、おそらく、「このブレーンの言うことをオウム返しにしていなさい」と誰かに言われていて、ちゃんと守っている。

白井 アベノミクスの「3本の矢」は、経済成長に効くと世の中で言われていることを全部やってみます、ですよね。

五野井　それが本当に効いているかは分からない、というよりは歪みのほうが出てきているけれども。

白井　政治技術的には、本当に効くかはどうでもいい。イメージの問題であって。

北田　でも、イメージで株価と為替は動く。

白井　要は「株価が高ければ景気がよくなっていると見なす」にまで矮小化されているから、何とか株価を維持するためにGPIF（年金積立金管理運用独立行政法人）を使って年金基金の資金を株式相場にブチ込むまでに堕落している。GPIFの運用情報の開示が参院選後に引き延ばされたことが、すべてを物語っているのではないですか。

五野井　さらにイメージだけでグローバルな3本の矢とか言いだして、円安を加速させると。

白井　つまり、こんなのだったら経済政策なんてないほうがマシじゃないか（苦笑）。

北田　ちょっと待った。例えば、旧民主党は、貧しい人に再分配する財源が必要だけど企業から無理やり引くわけにはいかないし、増税は反発されるから、公務員を2割削減しようと、去年、マジで言っていた。あれは、白井さんからみてオッケー？

白井　2割削減というふうにデジタルな数値でやるのは問題だと思いますが。

北田　公務員給与を増やすのは経済政策として王道ですよね。公務員の給与を上げたり、公務員数を増やし、中間層の消費を刺激して全体の雇用を増やす。それをやりすぎてギリシャは経済危機に陥ったわけで、やりすぎはたしかにまずいけれど、日本は明らかに公務員が足りていない。その点で、どの先進国に比べても悲惨な状況にある。じゃあ、やはり公務員を増やして景気を刺激していきましょう、と考えるのが当然だと思いますよ。

五野井　ええ。

北田　まったく異常な話ではないですよね。企業の内部留保を無理に崩さずとも、誰かを損させなくてもできる財源取得の方法です。夢でも何でもない。公務員の数が全体で2割ぐらい増えて、都市中間層の消費を増やす牽引役になれば、それはおいしい話です。その後に民間に雇用が広がるというのは経済政策の王道ですよ。

３本の矢で金融緩和なり財政出動をして成長を促すという話も、絵に描いた餅とまでは思わないんです。一つ一つを見ていくと、活きそうな政策もあるし、今の金融資本主義であれば、金融市場をある程度操作するのも一つのやり方ではある。幸いにして（第二次安倍政権誕生前の）日本は円高で、貯蓄率も高いから少し円安にしても耐えられるということに着目したのは悪くなかった。ただし、空手形になった。逆に消費増税などいらんことをやって効果を潰した、と私は診断している。

だから、私はアベノミクスの評価は半々で、失敗したと思う部分も大いにあるけれど、ただし、成功した部分もあるだろうと。

五野井　成功した部分は、具体的にどのあたりでしょうか？

北田　明らかに景況感は上がっていますよ。

白井　正直なところ、まったく腑に落ちないです。実質賃金は下がり、1人当たりGDPのランキングも下がる一方。どこに成功したと言える部分があるのか、私には分からない。円安誘導政策も、メリットもあればデメリットもある。

北田　株価がここまで長い間落ちないとは思わなかった。よくここまで持ちこたえた。このまま増税延期になれば、もう少し延命する。増税凍結になったら、もう1回盛り返す可能性もある。経済学者でもないから、あまり強いことは言えませんが。つまり何を言いたいかというと、安倍さんのほうには「攻めてる感」があるわけです。

とにかく、例えば「公務員増」みたいに、やり方はあるんですよ。必ずしも縮小がよいことではないし、再分配を充実させる財源は、増税や減税だけではない。経済政策を再分配と絡めて……。

白井　「攻めてる感」て、つまりイメージでしょ。先ほども言ったように、その点で第二次安倍政権は政治技術的に巧妙で、有権者の支持を得ましたよ。だけど、イメージだから実態とは関係ない。何か経済対策を大いにやっているように見えるだけで、それだけで正しいということになった。バカバカしいことですが、それは日本人の今の知的水準の反映なのでしょう。実際、アベノミクスが始まった途端、書店の経済時事本のコーナーが自己啓発書のコーナーと見分けがつかなくなった。

ところで、公務員〝増〟ではなく〝削減〟が通りやすい主張なのは、彼らが特権階級だと見られているからですよね。

北田　そうでしょう。

白井　「公職に携わる者が、お手盛りで増やすのは実にけしからん！」となる。逆に「減らす」と言えば人気が出る。

北田　民主党政権が事業仕分けで大喝采を浴びたのは、それでしょ？　その余韻に浸り続けたまま、まだ2割減らすと主張している。

白井　「文科省なんか10割減らしたっていい」って、僕たちは思いますものね（笑）。

北田　まあね。ただ、文科省を減らしても、大学職員を減らしちゃいけない（笑）。ともあれ、これも与党ではなく野党が「減らす」と言う事態は、普通の自由主義の国と逆。どの国にも存在しない意味不明なねじれた対立軸になっている。

■アベノミクスと景況感

白井　とにかく、経済政策に関しては、誠実に考えれば考えるほど、「そんなに景気のいいことは絶対に言えないはず」と思いますね。「この苦しい状態を、なんとか皆でできるかぎり痛みを分かち合いながら凌ぎましょう」にならざるをえないと思う。

五野井　ただ、それではまったくもって夢も希望も抱けない……。

北田　大学無償化とかも無理でしょう。

五野井　実際に台所事情はそうなっているから、そういう結論になってしまう。だけど、それでは選挙に勝てない。やはり夢がなければいけない。

北田　うん。皆、やはりパンよりケーキを食べたい。

白井　小泉純一郎政権のことを思い出しました。彼が、「痛みを伴う」とはっきり言ったのに大人気を博したのは、「痛みを乗り越えれば、おいしいケーキがあるんだ」という夢を見させたからですよね。今、アメリカでトランプ氏がやっているのは同じこと?

北田　そう。

五野井　あれは全部が空手形ですよ。

北田　サンダースも空手形ですよ。クリントンだけが現実的なことを言わざるをえないから苦しくてかわいそう。ただ本当は、野党側、つまり負けている人たちは空手形でいい。本音は「8割達成できたら、あとはガマンしてください」でいいはず。

五野井　それが本来あるべき野党の姿。与党は自分の言ったことに責任を持たなければいけないけど、野党は幸いにして政権を持っていないから、いくらでも好きなことが言えるわけです。

例えば左派ポピュリズム政党のポデモスは、緊縮財政がこのように人々を苦しめている現状を問題視し、社会保障切り捨てからの巻き返しを目指します。すなわち、反緊縮政策を掲げ、ネオリベラリズムやグローバル資本主義を打破すること。その内容として、公的医療保険制度の拡大や高等・幼児教育の無償化、週35時間労働などのほかに、国民全員に一律600ユーロを支給する「ベーシックインカム（BI）」制の導入や、基幹産業の国有化といったものを訴えてきました。

北田　そうそう。

五野井　実際に政権をとったら、「状況が変わったから政策も変えますね」と言えるのが野党。ポデモスの政策がすべて実現しうるかというと現実的には難しいといえる。連立政権に参加するとなれば、BIや基幹産業の国有化という政策をトーンダウンさせる必要に迫られます。一方、日本の野党は、財源論にそこまで捉われすぎる必要があるでしょうか。

北田　ところが、今は首相が好きなことを言い、野党が霞ヶ関の官僚みたいなことを言う。

五野井　つまり、民進党は真面目すぎるんですよ。選挙を数ヵ月後に控えている時期なんだから、空手形をバンバン出せばいい。ところが、細野さんも岡田さんも、官僚のほうを見ているのか、彼らの性格的な実直さなのかわからないけれど、夢があることを言わない。まずは政権をとることでしょう。そのためには夢のある政治の言葉は必要ですよね。キツい言い方をすると、民進党は、まだ政権をとらないうちから皮算用をしている。

北田　「霞ヶ関で働いてろよ」と言いたくなる。

五野井　まだ、経済に踏み込まず政治で威勢のいいことを言うだけの共産党のほうが、ある程度は集票できるでしょう。

北田　共産党が経済に踏み込まないのは、今は戦略としてとても上手くいってますね。

五野井　少しでも共産主義の本義を忠実に反映した経済政策に踏み込んだ瞬間に、「破防法（破壊活動防止法）に基づく調査対象なんでしょう？」という別の方面からの牽制に引きずり込まれていくわけで。そうなっては、おいしくない。

北田　ただなあ、今は「首相は分かっていないけれど、周辺に優秀な人がいて、彼らが動かしている」と傍目には見えているわけですよね？

白井　優秀だとは思えないですけどね。

北田　ホント？

白井　優秀じゃないでしょ。彼らは「デフレからの脱却」とやらが少しずつ進んでいると言っていたのに、そうだったらなぜマイナス金利になるのですか、という話で。

五野井　実際に経済をうまく動かせているかどうかという点で優秀ではないけれど、少なくともこの前の衆議院選挙の時、安保関連の政策に期待して投票した人は、朝日新聞の２０１４年11月の世論調査の結果で、11パーセントから12パーセント。経済を重視する人は50パーセント近くに上るわけです。

北田　そうなんだよ。経済なんだよ。

白井　だから、わけが分からないのです。有権者は経済を重視して自民党政権を選んだ。しかし、結果として実質所得は下がっているわけです。当然、「この役立たずが、引っ込め！」となるはずなのですが、なぜかそうなっていない。

五野井　下がってるし、評価も含めて指標ではまずいものが目立つ。3本の矢も、何となくよいと思われているものを入れただけだから、知らぬ間に終わっているわけです。それで「新3本の矢」とか言うけれど、べつに実効性はどうでもよくて。

白井　その通り。

五野井　なんとなく汗をかいているように見せて、何か新しい雰囲気をつくる。経済政策は欲望を触発するだけでよい。何かキャッチーなコピーを作り、スペクタクル化して景況感という、なんとなくやっている感じにすれば支持が得られる。国庫からの税金を投入して名目上の数値を上げると、それに市場が引っぱられる。これらが、与党がこの数年やっていることです。

■財源とパナマ文書

北田　とにもかくにも、現にこういう状態にあるのだから、この現実を分析するしかない（苦笑）。というか、白井さんと私が対立する必要はない気がする。白井さんが考えているであろう「成熟社会」を、私も目指すべきだと思っているんですよ。

スウェーデンは1人当たりのGNPが日本より俄然高く、税金を多く取られても、社会としては豊かですよね。しかしやはり、ああいう体制は「豊か」じゃないとできない。昔は貧しかったスウェーデンが、なぜここまで豊かになれたか。セーフティネットがしっかりしていて、人的投資にお金をかけられたからです。勝者の痛みを伴ってでも、少々赤字になっても人的投資にお金をかけてきた。それを積み重ねて、今の状況ができている。家族関連の政策でも教育でも。日本はその方向に行くしかないと思う。だから、経済成長というのも、成熟のための話で。

白井　北欧は当然、官僚の権力がものすごく強いと思うんですが、腐敗はどうなっているか不思議です。

北田　透明性がすごく確保されているからね。

白井　なるほど。先ほどの公務員を増やしたり減らしたりといった政策の是非の問題とも関連するはずですが、日本でスカンジナビア型の社会福祉制度（高負担・高福祉）に「なんとなくイヤだ」という反発がある根っこには、役人に対する強い不信感があると思う。

北田　たしかに政治への不信感は大きいと思います。それでも、唯一日本が生き残れる道があるとすれば、北欧型までは無理でも、ある程度は人に投資を回しても、皆が負担に耐えられるように豊かにならないといけない。今、日本の所得は低いわけですよ。低いから税金をこれ以上取られたら、カツカツで生きていけなくなる。

貧困は深刻です。経済状況を改善して、何を狙うか。「経済成長で、東京でもう1回バブルをしようぜ！」ではなく、人への投資に価値を見出す社会に変えるためですよ。その意味で、私も「成熟社会になろう」という話がしたいんです。ただし、その成熟社会はみんながある程度、豊かでないといけない。やはり成長は大切で、ただ成長の目的をしっかりさせることが大切。

今は、民進党や共産党の想定する未来が分からないんです。自民に至ってはもっと分からない。そこが一番の不満です。旧民主党にリベラル懇話会で呼びかけたのは、「あなた方の財政緊縮病はわかったから、せめて真っ当な再配分や人的投資に回してくれ」ということ。なのに、「財源は？　財源は？」ばかり。それで、「財源の提案もしてるのにお前ら聞かないじゃないか！」って逆ギレしそうだった（苦笑）。

とにかく僕も成熟社会派で、ただし、成熟のためには成長が同時に必要です。その意味での「成長」は理解できるでしょ？

白井　もちろんそれは理解できます。民主党政権の「コンクリートから人へ」というキャッチフレーズは正しかった。

北田　あれに戻れという話です。

五野井　ただまあ、あれは政権をとった時に「埋蔵金（政府予算の剰余金や積立金）があった」という……。

北田 ああ、埋蔵金ねえ。

白井 「そんなものはなかった」という説もありますが。

五野井 でも、調達行政をもう少し見直せば、余るものがあるはず。

白井 そうですね。パナマ文書が出てきた今、「財源がない」とはもう言わせない。それに本丸は特別会計ですよ。ただし、特別会計の全容を把握している人は、たぶん日本に1人もいないんじゃないか（苦笑）。不透明の極みですね。

五野井 そこがクリアになっていけば、腐敗もなくなっていく。パナマ文書ですっぱ抜かれた日本の超富裕層や大企業から、しっかりと税金をとり、再分配するということを野党がしっかり訴えれば、支持は得られるのではないでしょうか。ケイマン諸島に流した日本の企業や大金持ちたちの租税回避額は、60兆円を超えていると国会で共産党が追求していますね。対する政府は、歯切れの悪い応答に終始しました。その意味では民進党が早々と打ち出した「パナマ文書調査チーム」のようなものは、今後さらに必要になる。

白井 民主党は政権をとったとき、「特別会計全廃！」ぐらい言うべきだったんですよね。というか、もう一度言えばいい。

北田 たしかに透明性は高めたけれど、あそこまで緊縮というか、事業シバキに走らなければ、もう少し余裕をもっていろいろな政策をできただろうに。ポピュリズムに走ってしまった。

白井　事業仕分けは、官僚の振り付けに従って踊っただけのことでしょう。また、すでに動き始めていたものを潰したから、多方面から恨みを買った。

■必要なのは「底上げする左翼」

北田　予算編成の過程も、まず透明化しなければいけない。日本は政治への不信感がたしかに強いけれど、問題は官僚ですよね。霞ヶ関の分配の論理がハチャメチャ。バラマキ批判はズレていて、もっとちゃんと個人にばらまけばいいのに、「統治誘動バラマキ」をする。

白井　直接給付をやらない。役所や特殊法人を全部すっ飛ばして、個人の預金口座に直接、金が入ると、中間にいる人や団体の意味がなくなる。彼らの権力の根拠がなくなる。だから必ず産業なり特殊法人を通じて、間接的にまく。

北田　例えば文化行政も、間にグチャグチャと団体などを入れて、細切れにしてしまいますよね。くだらない。

白井　わけの分からない団体なりを必ず咬ませて、利権のネットワークを作る。

北田　貧困家庭への支援にしても、給付型にするだけで大きくかつ迅速に効く場合も多いのに。

白井　子ども手当への反発も、同じ構造でしたよね。

五野井　55年体制下での自民党の社会保障政策における失策のツケが、現在になって高齢者の貧困という形で顕在化しています。その結果、臨時給付金で「高齢者に対して3万円あげます」という話も出てきていますよね。

北田　究極のバラマキですね。ただ、日本の場合、給与所得者は税金が給料から天引きされてるから、取られている感がない。おかげで個人消費に対して減税の持つインパクトが弱い。

五野井　うん。たしかに本当はけっこうな金額を吸い上げられているのに、皆取られている気がしないのは恐ろしいことです。

北田　直接給付も「次に繋がる何か」としてやらないとまずい。全般的に、行政はお金の使い方が下手としか言いようがないと思います。同じお金を支出するにしても、どういう方式で渡すかによって効果は違うのだから。

白井　使い方を決めている人たちが、公のためではなく、自分や自分が所属している組織の利益のためにカネを使う原理がある。だから、公共事業も、その地域に本当にそれが必要なのかどうかはどうでもよく、一部の利害関係者が潤えばいい、ついでに他の人たちも少しおこぼれをもらえればいい、というような原理でやってきたけれど、いいかげんに配る金もなくなり絶望的に失速してきたのがこの10年、15年ぐらいでしょう。で、2020年のオリンピック開催で、配るための大義名分ができた、と。

要するにタカリの構造ですよ。社会的有用性への貢献とか努力が報われるのではなく、権力資源へのアクセスがあるかどうかで、実入りが決まってくる。典型的なダメ後進国の構造そのもの。日本の産業の国際競争力の高さが相対化されるなかで、この構造がすごく露骨に表れてきた。

北田　財務省、官僚の抜本的な改革が必要なのでしょう。行政改革も公務員を減らすだけの改革になっちゃって、構造が何も変わらなかった。

白井　国会議員の定足数についての議論と同じで、公務員が何人かという量の問題じゃなくて、彼らがよい仕事をしているのか、いないのかが問題ではないですか。

北田　でも今の公務員はいくら働いても家に帰れないぐらいに働いている。問題はその働いてることが……。

白井　ムダに忙しいだけで。

北田　彼らの労働が果たして公の福祉にちゃんと寄与しているか。彼ら自身も大変でしょう？　あんな生活を送るの、気の毒だと思う。

白井　気の毒だけど、自業自得だとも思いますが。

北田　いやでも、それは個人じゃ変えられないですし。私たちは、小さな政府・大きな政府という対立軸、疑似問題で考え続けてきすぎたと思う。政府の大きさ・小ささより、社会を国家がハンドリングする最適な「投資」、配分をしていく形をつくるのが、社会民主主義だと思います。そういう政党に出てきてほしいし、そういう政党であれば共産党と選挙協力ぐらいはしてくれるでしょう？

五野井・白井　ですね。

北田　でも今の民進党なんて、筋金入りの緊縮財政派と右翼を兼ねたようなのがごろごろ。そういうところを切り離して、豊かになる左翼……左翼？　うん、もう「左翼」でいい。「リベラル」っていう言葉が最近意味が分からなくなってきたから。

五野井　そう、２０１５年末あたりから日本でも1時間の最低労働賃金を１５００円にしようという運動をAEQUITAS（エキタス）という若い人たちが立ち上げた団体が訴えています。必要なのは「底上げをする左翼」でしょう。

北田　そうそう！　ようやくわかった。白井さんと僕で成熟のイメージが大きく違うのではない。白井さんのほうは、そこまでの道筋を革命的に考えている。

白井　北田さんのおっしゃる改革は、革命かそれに近いことをやらないと不可能だと思うので。

北田　私は、いったんは経済成長をしないとダメだと考える。成長の中で成熟していく。だから野党内で「経済会議」みたいなものをやってほしい。選挙協力だけじゃなく。

五野井　「経済協力会議」みたいな名称になりますかね。

白井　それはいい考えですね。「これからオレたちが権力を取るんだ」というならば、必要ですよね。

北田　差し当たって、選挙で自民党に対抗した再分配を含めた財政および経済対策を議論して、次々と打ち出していくのは近道だと思う。

五野井　必ずしも実効性を担保するものではないにしても……。

北田　それは密教だけどね。

五野井　ただ、人々に夢を持たせるようなものを出していくしかない。だって、資本主義ってどうせこのまま進んでもノー・フューチャーだし。

北田　このままではね。

白井　先ほどから夢見させるということが話題になっているわけですが、大事なのは夢の中身なのでしょう。小泉流や安倍流じゃなくて、もっと共感と社会的連帯に繋がる夢です。

金子勝・慶応大教授が「『資本主義は終わる』とか、ああいう議論は大っ嫌いなんだ！」と言っておられます。そんなに簡単に終わらないし、終わらない間も人々は生きていかなくてはならない。「老人はもうすぐ死ぬからそういうことを気楽に言ってられる。オレはそういうのは嫌だから、みんなが何とかして生きていける手段を考える」と。金子さんは、高校時代からの親友で元農水官僚の武本俊彦さんとの本（『日本再生の国家戦略を急げ！　民主党政権への緊急提言』小学館刊、『儲かる農業論　エネルギー兼業農家のすすめ』集英社刊）で、自然エネルギーと農林水産業の六次産業化を通じて農漁村を復興するという話をしていた。こういう政策提言や、よいアイデアを持っている人はたくさんいる。要はそのアイデアを使う気があるのか。

北田　そうですよ。民進党内には金子洋一参院議員みたいな経済の切れ者もいる。彼は元官僚で、霞が関や学者とも戦い合えるぐらいの知識量と実行力はある。彼の政治的な立ち位置は問題があるけれども。共産党内にも、今はちゃんと近代経済学を押さえた論客がたくさんいるはず。経済がこれだけ投票行動に影響を与えている以上ね。

■ネオリベ疲れの先に

白井　それにしても世の中は不思議だと素朴に思うんです。90年代後半頃から露骨に、ネオリベラリズム、新自由主義がもてはやされてきた。「自由な市場を大事にします。個々人の努力でがんばってやりなさい」とさんざん言われてきた。ところが、今は逆に「国家が正しい経済政策を打ってくれないと暮らせない！」と。国民の経済面での国家依存が、心理的にものすごく高くなっている。

五野井　「新自由主義疲れ」みたいなものがあるのでしょう。実際、いろいろとみんながんばってやってきたけど、一向に生活は上向かず、疲れている。

北田　この30年間、それこそ小泉純一郎政権よりもっと前、80年代から続いてきた「新自由主義」に対して「何か疲れる。しかも豊かになってない。じゃあ、もういいよ」という機運があると思う。

ただし、ならば貧しくなればいいかというと、「子育てには金がいる。親の介護も介護保険の額がどんどん減らされて」と皆が困っている。だから少なくとも、国家は、子どもを産んでもことさら苦労しないで済むよう、人々の生活を保障する義務はあるでしょう、と。

白井　それはそうなんですが、国家と経済、個人の責任といった問題について、整理されないままの状態が続いているようにも見える。

北田　これは国家依存ではなく、そもそもこの30年、市場主義あるいは個人主義の名のもとで、家族や学校、中間集団にいろいろなものを押し込めてきたわけですよね。それはもう限界。これ以上は無理。しかも「『活躍しろ』だぁ？　冗談でしょ？」と。その機運というか不満は鬱積してる。だからこそ、「こうやって解決します」と言ってほしいなぁ……、野党にね。

白井　それを政府なり政党なりに、求めて当然の権利だと言えるようになった。この30年ほど、新自由主義では、「国家に求めちゃいけないいんじゃないか」、個人が「自分で解決しなきゃいけないいんじゃないか」という雰囲気だったと思うけれど、「ちょっと待て。これは国家に求めてもいいんじゃないか？」といった具合に人々の機運が高まってきている。

北田　そう！　自己責任論は、ここ数年でけっこう駆逐された感じがしますね。生活保護の不正受給で3年ぐらい前は盛り上がっていたけれど、マスコミでもネット上でも啓蒙的な報道が多くなってきた。皆、「不正受給の数がそんなに多いわけではない」とか「不当な所得でない」、むしろ「自分にもそんなセーフティがあったほうがいいな」という方向になってる。

五野井　もちろん、いまだにまだ、（自民党政調会長の）稲田朋美さんみたいに「義務を果たさない者には権利はない」なんて言う人はいるけれど、あれはもう周回遅れ。むしろ、義務より前に国家に権利を求めてもいい、と。幸福追求権も、夢見る権利も、お腹がいっぱいになるまでご飯が食べたい、でも。それぐらいの権利は求めていい、と。新自由主義疲れとともに、東日本大震災以降の動きでもあるかもしれない。

北田　やはり今は少し前のように、牛丼業界がデフレ競争をやって、生活保護の不正受給疑惑だの自己責任論ばかりが飛び交っていた「この世の地獄か」というような状態ではなくなってきた。

白井　和民もたくさん潰れたし（笑）。

北田　そう。あれが幅を利かせる事態はおかしい、というコンセンサスが徐々にできてきた。国家もある程度ちゃんと対応している。

五野井　ブラック企業に対しても、「これはマズいな」と。われわれの賃金が削られてブラック企業を潤しているとか、尊厳のない労働になっている、と。これを見て、「自分には関係ない」ではなく、「いつか自分もこの立場になるかも」「実はすでに自分もそうだ」と思う人が増えてきましたね。

北田　そうそう。

五野井　ブラック企業批判がやっと普通のことになったのが、この1、2年でしょうか。

北田　自民党でさえ、「ブラック企業にもよいところがある」とはなかなか言えなくなってきた。

五野井　まあ、政治家としては、（ワタミ創業者で参院議員の）渡邉美樹さんが最後ですよね、近年では。

北田　あの人は介護業界は撤退したんですよね。収奪を目に見えないかたちでできそうなものに寄りつく。

五野井　まるで「焼き畑」になっていますよね。もちろん、本当の焼き畑農業はジェームズ・C・スコットが『ゾミア』(みすず書房刊)で明らかにしたとおり、国家的な権力から逃げる術、すなわちアナキズムだったわけですが。

■労働問題の扱い方

北田　ともあれ最近は、労働の価値と、労働しながら幸福になることは、当たり前に求めていい権利だという手応えが出てきたのは確かだと思います。

五野井　おっしゃるとおり。今、そういうコンセンサスができあがりつつあると思います。おそらく次に問題化して切り込めるのは、汗水垂らして働くよりも、株式投資のほうが税金を引かれないという現状の税制でしょう。明らかに不公平です。ですから、「こんなこと不公平ですよね」と言ってくれる政党として、民進党が前に出てこないとちょっとまずい。

北田　そう、だから労働がとても重要なイシューになってきたということは皆が認めているはずです。そこは共産党の本丸じゃん！　と。

白井　ある意味、労働価値に戻るということでしょう。

五野井　労働価値説か。

北田　ダメダメ（笑）。労働価値とか言うと、話が面倒くさくなる。

白井　でも、労働価値説は正しいわけですよ。渡邉美樹の儲け方を見てごらんなさいという話です。「あ、これが絶対的剰余価値の生産なんだ」と納得できますよ。

五野井　本当におかしな話ですよ。近頃はテレビでマルクスの特集とかを芸能人がおもしろおかしくやるのだけど、そこでは絶対に『資本論』のコアである、なぜ企業は「利益」を上げることができるのかには、いっさい触れなかったそうです。

白井　まあ、テレビ業界は近代資本主義的な搾取によって利潤を上げているのではなくて、封建的身分制度に基づく収奪によって成り立っているから、きっとマルクスが分からなかったのでしょう（苦笑）。

北田　労働制度の分析に関しては、やはりマルクス主義系の得意分野だから、そこはちゃんとやってもらいたい。ただ、マクロ経済は搾取のロジックで動いているわけではないことを、われわれはこの100年以上の間で分かってしまったわけですよね。労働の問題とマクロ経済の動きは「経済」で一括りにされがちだけど、これをどう組み合わせるかが問われている。

白井　マクロ経済と労働価値説は、本質的に対立するんですか？

北田　議論の出発点が違いますから。ともあれ、労働に関しては野党もブレないはず。だから、中道というか社会民主主義を名乗る政党は、上げ潮的な政策を取りつつ、リベラルな政策を打ち出す。共産党などが労働問題をどんどん突く。で、自民党が守りに入る状況だと投票しやすいんだけど。

五野井　でも、現状そうじゃないですよね。むしろ、自民党の側が「同一賃金同一労働」とか言い出しましたから。民進党は自民党の同一賃金同一労働に対して、もっと政策のバーゲニングをしなきゃいけない。

北田　そう、先に言えばよかったのに……。

五野井　同一賃金同一労働以上に、より左のものを出さないと。「恵まれない人やがんばって働く人に手厚くします」と。でも、こういう声が民進党から出てこない。

白井　それこそが、民進党がハンパであるゆえんです。連合もしかり。組織労働者の賃上げでさえ、この間、連合よりも安倍さんのほうがいい仕事をしてきたぐらいですよ。会社の幹部どもに「もっと給料を出せ！」と言って、実行させて。

北田　ちゃんと、政権が春闘をやらせている。

五野井　たしかに、選挙においては共産党に肉薄されるし、肝心の賃上げも安倍総理には及ばないというアイデンティティの危機ですね。連合はどうしたものか。

白井　本当に情けない。思い起こせば、（ライターの）赤木智弘さんは、「『丸山眞男』をひっぱたきたい　31歳フリーター。希望は、戦争。」（雑誌『論座』2007年1月号掲載）という文章で論壇に衝撃を与えたけれど、あれを書いた動機は、「いわゆる左派の連中は、平和や護憲を唱えるだけで、格差社会化が進んで勤労者の間で身分制ができていることに目を向けない」という怒りでしたよね。

北田　そのルーツは、社会党が解体よりずっと前、70年代に経済の話をどっかに落としてしまい、護憲政党に純化したあたりから始まっている。

五野井　まあでも、おたかさん（土井たか子）は、「消費税反対」という社会党にとっての最後の経済財政政策らしきものを訴えたわけです。

北田　土井時代に、ちゃんと持続可能な候補者を立てられればよかったけれど、落下傘もいいところだった。

五野井　持続可能にしなかったし、女性の登用も恐ろしいほど進まなかった。女性の国会議員比率は１９９５年以降やや上昇していますが、その伸び率はごく限られていて、２０００年でも10パーセントを下回るという世界的に低い状況となっています。

北田　社民党の女性蔑視もよく聞く。

五野井　あれはひどいですよ。男性中心主義を捨てないかぎり、社民は議席を回復できないでしょうね。政策のスローガンでいえば、90年代までの護憲だけで議席が取れた時代はもう終わりました。経済政策も、00年代初めのように正しいことを言っていればいい時代でもなくなった。となると、お二方がおっしゃったような、夢があって実現可能な、あるいは実現可能な気がしてくる政策が必要となる。

白井　格差と貧困の問題以外にも、新安保法制にせよ、ＴＰＰにせよ、政権が次々とロクでもないことをするので、批判勢力もそれに振り回されている側面があります。経済的要求としては、あとは最低賃金を上げろ、ですね。

五野井　１５００円の要求はいいですね。サンダースは15ドルを主張しているけれど、実際にカリフォルニア州でもニューヨークでも実現しています。他の自治体でも最低賃金のアップを決めました。あと、安倍総理が同一労働同一賃金を言うならば、「国内のどの都市であれ同じ労働をしているのだから、東京都だけ最低賃金が高いのはおかしい」とやって全国に１５００円を推し広める。

白井　先に挙げたエキタスの主張みたいにね。

白井　国民春闘。

五野井　そう、まさに国民春闘ですよ。安倍さんが賃上げを企業に迫るなら、こっちも北海道から沖縄まで同じ賃金を適用させる。国民春闘で競い合い、勝つ。だって、労働者のほうが雇用主や株主たちよりも圧倒的に多いのですよ。数は力です。勝ちにいきましょう。

第二章

国民生活のリアリティ

■「日本死ね!!!」ブログの衝撃

北田　第一章の後半で、一般の人の日常的な困りごとに焦点を当てて政策を出していく大切さを話しましたが、今年2月に「保育園落ちた日本死ね!!!」という匿名のブログ記事（http://anond.hatelabo.jp/20160215171759）が注目を集めました。インターネット発で、ここまで短期間で政府が動くというのは、私の記憶にはない。以前「ネット公共圏」がどうこうっていう議論が流行ったけれど、ようやく事例が出てきた。

土壌はあったと思います。ツイッターとかでは、必ずしもリベラル・左派を自認していない人の間でも、生活に関わる、子育てやベビーカー問題、痴漢問題などが幾度となく炎上してきましたから。1000リツイートぐらいされるようなつぶやきが、1～2ヵ月間に1回ぐらい、周期的に出てくる。保育園の問題も、今まではその中の一つだった。ただ、「日本死ね!!!」という言葉がどうも世間的には衝撃だったらしくて。ネット住民の感覚からすれば普通の、「おはよう」か「こんにちは」ぐらいの言葉なんだけど（笑）、とにかく、おかげさまですごく広がった。これにはびっくりしましたね。

五野井　実は「日本死ね!!!」で広がった、保育園を落ちた人の（国会前抗議の）現場に行ってみたら、100人もいなかった。でも、ネットメディアでスペクタクルができると、テレビ局も、その100人が国会議事堂を包囲したかのようにきれいに撮影したのです。そういうことができたのは、すごい。

北田　昨夏の安保法制反対デモのときは、「参加者をいかに少なく見せるか」に必死だったメディアもあるのに。

五野井　それが今度は、「いかに多く見せるか」に変わった。それで、話題をあれだけファストトラックで、国会まで一気に持っていけた。

北田　世論調査でも、「本当のタカ派」や「バリバリの保守」は、40～50代より下の層には多くはないんです。例えば保育園整備とか子育て、扶養、ケアの充実とかに関しては、生活保守の論理からいっても、社会化を求めるのがコンセンサスになりつつある。「ケアを社会化するのはまかりならん！」という純粋リベラリスト、リバタリアンのほうも、あまり多くはないでしょう。

ケアの社会化、あるいは私生活の一部分を社会的に包摂していかないと自分たちの世代はやっていけない。子どもがいる・いない、親が要介護かどうかを問わず、誰でもいろいろなところから情報が入ってくる。面と向かって、「家族の責任だからお前たちが勝手にやれ」と言うほうが少数派です。その蓄積の上で、非常にキャッチーな言葉が出てきた。とてもいい意味で、「家族にいろいろなものを閉じ込めるのはもう限界。そんな社会、もうありえないから」っていう日本のある年齢層以下の本音を、多くの人が共有したんじゃないかな。

五野井　ただ、今回はデモへの批判も興味深かった。ネットで炎上していく際の「争点」が、「デモ参加者の抱っこ紐はエルゴベビー社の高級品だから、あいつらはブルジョワだ！」と。
エルゴベビーの抱っこ紐はトイザラス（玩具量販店）でも売っていて、そんなに高いわけでもない。何しろ子どもを守るものですから、ある程度しっかりしたものを買わないと、銭失いどころか命が失われる。だから、この批判によって、実際に子育てをしている人の「なんでこんな理不尽なことを言われなきゃいけないんだ」という怒りがますます広まった。

北田　毎日使う、子どもの命を守るものを「１００円均一で買える（から、それでいいじゃないか）」って考える人が大勢いるというのが衝撃ですね。ある世代以上のオッサンにはそれがリアルなんでしょう。子育てに関して、たまに抱き上げて「おー、よちよち」の瞬間くらいのイメージしかない。子どもをずっと抱きかかえ続けるとどれだけ身体に負荷がかかるか、その深刻さが分かっていない。

五野井　で、いいベビーカーは、やはり5万円とか、10万円とかする。エルゴベビーの抱っこ紐のほうが1、2万円台で安いし、動きやすく、抱っこしながら家事もできるので、近頃は出産のお祝い品になったりもするわけです。

北田　団塊ジュニア世代は子どもがある程度大きくなってきて、これからは親の介護に入るでしょう。団塊ジュニアは晩婚化も進んでいるので、介護と子育てがバッティングする例もけっこうな割合で出てきた。それがリアリティ。自民党のオッサンの放言がいかに夢物語か日々実感せざるをえない。イデオロギーの次元じゃないんですよ。みんな、旭日旗を愛するとか強い日本を愛するとかじゃなく、重い・痛い・眠い・辛いで動いている。しかも、「これは、給与が多ければラクになるという話でもない」と徐々に知られてきた。

ここは、現状との対抗の線としてありうるとつくづく思います。自分の家庭生活が大切だって思う人から、ある種の社会主義というか、育児などは社会的な体制で、と考える人までが共有できる論点なんです。

五野井　これまでとは異なり、階級横断的というか。

北田　階級横断的だし、一種の世代問題。この話では四の五の言ってられないのが団塊ジュニア以下の世代です。「僕たちはおとうちゃん、おかあちゃんのようには生きていけないんだ」と分かっちゃった。たしかに待機児童は東京など都市部だけの問題ですよ。だけど、東京という特殊な街に日本の社会全体が依存してしまっている構造がある。だからやはり、東京だけの問題でもない。

■三世代同居という幻想

五野井　自民党お勧めの三世代同居なんて、家が大きくなきゃできない。三世代同居をすれば改築費に自治体からの補助金が30万円だか50万円出ると言われても、それだけじゃどうにもなりませんよ。まったく空回りしている政策に、皆が「どこかでツッコミを言わなきゃいけない」と思っていた。それがちょうど表に出てきた。「伝統的な家族観」は物理的に崩れつつあり、維持不可能なんですよ、特に都心部では。三世代同居なんて、したくてもできない人が多い。いや、それどころか持ち家なんて「都市伝説」の次元です。

北田　自民党ご推薦の三世代同居って、生産年齢にある働いている人が、親の介護と子育てと全部やれって話でしょ？　バカか、と。おかげで、自民党の憲法24条（家庭における個人の尊厳と、男女両性の本質的平等を謳った条文）の改正志向や、家族政策で三世代同居を主張することの間抜けさが、いっそう浮かび上がった気はする。気はするんだけれど、自民党は、そこを突破しようとしている気もする。今後、自民党が「保育園について、私たちはちゃんと対応しました」と、「家族は社会の自然な単位であるからして、ケアは家庭内でやってくれ」をどんな整合性のある話にするのか、たいへん興味があるところではあります。

日本会議（多数の国会議員も加盟する右派団体）の憲法改正のターゲットは、表向きは24条と9条の二本柱でしょう。しかし、彼らの機関誌などを読むと、24条のほうがメインに見える。やはり、外交・安全保障は遠い世界の話なんですよね、日本会議の会員にとってさえ。強い日本の象徴として「9条改憲」を掲げはするけれど、例えば女性の会員さんらにとっては、「家族が大切です」「あなた方は子育てしてくれてすごく偉かったです」がとても大切。だから、彼らの考える「伝統的」家族モデル的なものへの志向は、自民党も手放せない気がする。手放すならば、極右を本格的に切ると決断しなければいけないけど、そこまで勇気があるかな？　安倍さんが一番のコア支持層を失いかねない。立憲主義や9条と違い、家族という誰の心情にも訴えかけてしまう問題であるがゆえに、支持層のコントロールも難しそう。これは、彼らのアキレス腱だと思いますよ。

それに彼らの言う「伝統的」家族モデルって、いわゆる戦後家族と言われる、70年代半ば頃から80年代初頭に多かった、お父さん・お母さんに子ども2人の標準モデル世帯だと思うんだけど、「国民生活白書」によると、そうした世帯は一番比率の高かった80年でも2割程度、00年年には1割程度。これ、妻の年齢が20～49歳にかぎった層の数字ですからね。標準どころか、昔から少数派の絶命危惧種。危惧してはいないけど。

五野井 じゃあもう、都市伝説どころか「まぼろし」みたいなものじゃないですか。

北田 ほとんど都市伝説です。田舎にはそんな家族、まずいないですよ。田舎でも、けっこう独居が多い。アニメ映画の『サマー・ウォーズ』とか『となりのトトロ』で描かれているような世界――夏休みにおじいちゃん、おばあちゃんのいる田舎に帰って山で虫取り、みたいな世界なんて、ホント夢（笑）。いけないのは、団塊ジュニアとかは、あれが原風景だと植え付けられているでしょ。

白井 僕の場合、両親がどちらも田舎出身じゃなかったんで、「ああいうのが標準」ってイメージだけを植え付けられて、子ども時代には羨ましかったですね。

北田 植生についての学会の発表で、ジブリ作品で女の子が歩くシーンに注目していたのが面白かったんです。ジブリ映画の社会的な設定は昭和30年代だけど、植生は昭和末期、１９８０年代後半だ、と。

白井　それはすごいところを見ていますね。

北田　つまり、あれは確実に80年代末ぐらいに作られたイメージなんです。すごく分かりやすい。いまだに厚労省が標準モデルとしている家族構成が一番多かったのは70年代半ばですが、それが配偶者特別控除とか保険とかで最終的に法的に保証されたのは80年代末。「帰るべき田舎」を持った家族モデルは、その時期にようやく固まってきた。最近のことなんです。さらにその標準モデル世帯のお母さんの内、少なくない数は、専業主婦じゃなく、80年代に入るとパートに出ているんです。そうした記憶も、どんどん忘れられている。

その代わりに、ほんの一部の人たちの家族話が都市伝説として語り継がれて、それをも超える「スーパー伝説」を自民党が作り出そうとしているんです。とんでもない。

保育園の問題で盛り上がったのは、この動きへの反発がすごく大きかったと思う。つまり、政治家の言っていることと、自分たちの生活との乖離が、所得層を問わず、ありすぎる。「お前（安倍首相）は子どもの頃、平沢勝栄（当時は東大生だった現衆院議員）が家庭教師に来て、それで幸せだったかもしれないけど、とりあえずちょっと待て。うちらは大変なんだぞ」と。この生活感覚を政治や社会運動はどこまで掴めているかが今、一番問われている。

白井　やはり野党は「国民の生活が第一」に戻らないといけない。

北田　そうそう。でも、以前はその「生活」が抽象的すぎたんですよ。具体的に「重い」とか「眠い」とか「痛い」とか、そういった感覚を共有できていることが大切。

■ロスジェネ・サルベージ計画

白井　個々の議員レベルで見れば、特に野党にはそういう感覚を持った人は少なくないと思います。ただ、そのことが集票に繋がっているかというと別次元になってしまうんですね。なぜなのか。それは、つまるところ日本の主権者の未熟さということかもしれない。候補者の来歴や活動歴をチェックして、誰に寄り添う立場の人なのかをちゃんと見ていれば、こんなひどい政治状況にはなっていないはずなんです。

ところで、「エルゴ騒動」を見ていて分かったのは、大衆の生活に身近な共通の不満がある一方で、「エルゴを使ってるなんてブルジョワだ」なんて変なことを言うヤツがいる。「ものすごい分断がある」とも感じました。

例えば同世代に、自分が子育てをすることを想像すらできない集団もいるわけです。前に赤木智弘さんが、どこかのコラムに「公園に子どもを連れてくるのは迷惑だ」「子育ては贅沢だ」みたいなことを書いてました。

北田　何を言ってるんだ……。

白井　彼の視点は徹底したところがあるから、間違っていても、何がしかの真実を露呈させる時がある。たしかに子育てをできる所得がある人と、自分が子育てをすると想像もできない所得の人という事実上の身分制ができてしまっている。後者からすれば、抱っこ紐の値段が高そうというだけで、「あいつらは特権階級だ！」となる。

90年代後半ぐらいからの猛烈な雇用状況の劣化などによって、20年ぐらいかけて新しい身分制みたいなものができてしまった。それをどうやって崩すのか。

北田　白井さん、それはすごく重要な論点だと思う。私も、表現は格好悪いけれど、リベラル懇話会で「ロスジェネ・サルベージ計画」って真顔で話したんです。さっき言ったような生活保守から社会派までを結ぶ線だけでなく、ロスジェネ世代には分断線もある。この世代は、一定の年齢に達したときに、ある程度の安定した職があるから「子どもを産んでもいいかな」と思えた人と、そうでない人の間に引かれたラインが一番厳しかった。その格差が放置されたまま、みんな一緒に年を食ってる。

白井　70年代後半生まれぐらいの世代ですね。

北田　そう、団塊ジュニア〜ロスジェネ世代には、生活保守感覚がむしろ革新的なものに繋がる60年代横浜市の革新市政みたいな土壌がある一方で、世代内で深く分断線が刻まれてもいる。

90年代以降、いや実は80年代から作られてきたシステムの中で、二極化させられたんです。擬似対立に近いものができてしまっている。どうこの分断線を埋めるか、あるいはどうやって社会に再接続するか。この世代が放置されてるのが、非常に心配です。この問題は、あと数年が限界だと思います。今を逃すともう、チャンスはない。団塊ジュニアは、子どもを産むのも、就労も、難しい年齢に入ってきた。さらにポスト団塊ジュニア世代がどうなるかは、喫緊の課題だと思う。

白井　もう一度論点を整理すると、さっき米騒動以来って話はちょっと言いすぎではないかという気もするんだけれど、たしかに今回の「日本死ね!!!」は、「米が高い!」で暴動が起きたケースと似ていなくもない。あるいは敗戦後の食料メーデーとかにも近い。

■貧困と出生率

白井　脱原発や立憲主義を守れといった運動とは「生活との距離感が異なる」という話もありましたけれど、重要なのは、この間、特に知識人がコミットしてきたそうした運動と、いかにして繋ぐかだと思う。原発も、立憲主義の破壊も、本来は「生活」から全然遠くない。保育所の不足も、すべて同じ権力がやっていることです。いわば同じサイコロの別の目。なのに、なぜ繋がっていないように見えてしまうのか。

僕は「生業を返せ、地域を返せ!」福島原発訴訟」という訴訟の応援団をやっているのですが、その原告団代表に聞いた話が非常に印象的です。中島孝さんという方ですが、相馬市のスーパーマーケットの店主で、年齢は60歳過ぎぐらい。彼曰く、「構造を見なければダメ」だと。原発事故の前まではただのスーパーのオヤジで、原発問題についてよく考えたこともなかった。それが事故が起きて、寝耳に水のことばかり。電力会社や政府のやり方に「これはおかしいだろう」と憤って訴訟を起こしてから、すべてが繋がっている構造が見えてきた。それで僕も、沖縄の米軍基地問題や福島の原発事故も、全部「永続敗戦レジーム」の問題なんだという内容の講演を福島でしました。同じように、「日本死ね!!!」で盛り上がったあれだけの怒りは、本来は今の権力構造全体に対するプロテストにならざるをえない。というか、この怒りをいかにそこへ持っていくかだと思います。

そもそも、「日本死ね!!!」って表現自体が、ある意味ですごい(笑)。どうすごいかと言うと、安倍さんは「日本を取り戻す」というスローガンで政権をとったわけですよね。「取り戻した日本がこれかよ。そんなんだったら死ねよ」って話で。

同時に、国民国家が現に存在するかぎり、ナショナリズムはある。ナショナリズムとは、近代化し、世俗化した世界における神の代理ですから。「日本死ね!!!」は「神は死ね!!!」なんです。死ねというか、「お前はすでに死んでいる」ということかな。この言葉は、一気に何かを解き放った。「もう何を言ってもいいんだ」と。誰もがこんなに怒っていい、怒りを表現していいのだと解放された感じがします。

五野井　特にこの20年くらいの間、普通の人が日本国や日本政府に否定的な言辞を、しかも発言者の顔が出てもいい状態で主張するということは、あまりなかったですよね。「政府はべつに自分たちを助けてくれない。こんな政府はいらない」と否定の表現や「改善してください」という政府への要求が出てきたのは、リベラルの重視する社会権行使の一環としておそらく正しいことだと思う。

白井さんがおっしゃるとおり、この怒りを「入口は違うけれど実は全部繋がってる」に野党がどこまで結び付けられるかが、今後のカギでしょう。もちろん、これに対しては古典的なマルクス主義の権力観じゃないか、という紋切り型の反論もある。ただし、「食べていけない」「生きていけない」という古典的な問題が噴出している現在に、全体像を描いて、原発も、子育ての階級化も、それこそ永続敗戦レジームあるいは55年体制的なものの結果だという形で広められるかどうか。それは白井さんの腕の見せどころだと思う。これは前章の景況感話と同じで、因果的な正確さよりも、人々がそう思っているという空気をどう上手く捉えることができるかという次元の闘争です。

少し議論を戻させてもらうと、ロスジェネ以下は、結婚を選択肢として選べる人と選べない人がいるという話でした。私たちのいる研究者業界も、大学などで常勤先を得たとたんに結婚する人がいますよね。逆に言えば、職を得られない間は結婚できないと考えている。他方、同じ世代に親の介護をするライフステージにきた人もいる。あとは、そもそも「結婚なんて高嶺の花だ」という人も大勢いる。でも、一般的に貧困層が子どもを産めないわけではなく、貧困な国のほうが出生率は高い。

北田さんにうかがいたいのですが、日本の貧困層は出生率が高いのでしょうか？　それとも低いのでしょうか？

北田　貧困で考えるのか低所得で考えるのかでも違ってきますが、総じて所得の低いほうが子どもを持ちにくい、という傾向はたしかです。「都会の高層マンションに住むお金持ちはあまり子どもを生育せず、むしろ郊外の『ヤンキー』がワゴン車で子だくさん」というイメージがあるけれども、そんなことはない。妻年齢40代の世帯収入400万以上の層では、基本的に子どもゼロの割合は1割前後なんですが、400万未満となるとその率が倍になるというデータもある。

さらに所得が低いと結婚が難しくなるわけですから、その意味で「お金がないと子どもは産めない、育てられない」というのは正しい。子どもを労働力として多く産むことが望まれる後進国スタイルとは異なり、典型的な先進国型の傾向です。

白井　少子化でこれほど急速に人口が減っていくのはヤバいと、自民党も当然、主観的にはわかっていて、何とかしたいと思っているはず。にもかかわらず、本気で対策しているとは思えない。「こんなことで効果が上がるわけないだろ」という話ばかり出てくる。保育士に勲章を与えようとか、噴飯ものです。

ついこの間驚愕したのが、確定申告です。昨年、僕は子どもができたんですが、扶養家族が増えたので、当然一定の控除があると思っていたら、15歳以下はカウントされないんですよね。なぜそんなことになっているのか。民主党政権で「子ども手当」ができたから、バーターで小さな子どもは控除されませんよ、と。だけどその後、子ども手当は減額されてる。つまり事実上、この国は子育て世帯に対して増税をやっている。頭がおかしいとしか言いようがない。潜在意識下で、もうこの国を滅ぼそうと思っているんじゃないのかな。

■家族政策の矛盾

北田　もう、こうなってくると言いたいことが山ほどある（笑）。私の直感だと、幼稚園と保育園の違いを、私の世代でも男性の半分以上が知らなかったと思う。今でもそうなんじゃないかな。このあいだ、北原みのりさん、打越さく良さんとトークイベントをした時、会場で聞いてみたら、やはり男は「知らない」「知らない」「知らない」。あと、安倍さんが保育所を「保健所」と言い間違えたり……。

白井　もはやフロイト的な言い間違いだなと思いますよ。

五野井　もはや生政治から後退している気すら。

白井　「日本死ね!!!」って一番強く思ってるのは、実は安倍さんじゃないのかな。保健所と言えば真っ先に思い浮かぶのは、野良犬とか野良猫の殺処分でしょ。保育所と言おうとして保健所って言ってしまうのは、「子どもなんかいらない、死んじゃえ、もう滅んでしまえ」と無意識に思っているからだと見れば、原発回帰政策だのＴＰＰだの、全部辻褄が合いますよ。

北田　「保健所」って言い間違いは、もはや人智を超えてるから何が何だか分からないけれど、これが「幼稚園」って言ったら、いかに何も調べていないかがバレるところでしたよ。

ただ、五野井さんも白井さんも、子どもの頃、保育園じゃなくて幼稚園に行ってた？

五野井　通っていましたね。

白井　はい、幼稚園です。

北田　やっぱり幼稚園なんだよね。私もそうだけど。ここにいる30～40代の男性３人が、全員、幼稚園出身なんですよ。それで、小学校は公立でも中高一貫校なんかを経由して早稲田とか東大とか入ったら、そりゃ幼稚園と保育園の違いがわからないまま、島耕作的世界に突入してしまう。そういう人たちが一定数いるんですよ。

白井　確かにね、僕も子どもができて、初めてそういうことを学んでいます。

北田　つまり安倍さんも、保育園が根本的に何のためにあるのか、ようやく勉強し始めたくらいじゃないかと。答弁前に「いいですか？　幼稚園じゃないですよ。保育！　保育！」って言われていたら、つい保健所って言ってしまったんじゃないかと思う。

それにしても、保育園の問題でこんなに対応が早かったのは、実はこれが本当の争点になりかねないと安倍さんが一番怖がっているところに抵触したからじゃないか。安保法制は、国会前でギャーギャー騒がれてこれだけ報じられても自分は通せたと自信を持ってるかもしれない。だけど、今回は異常でしょう。国会前にそんなに人が集まらなかったことも聞いているはずなのに、「これはすぐ対応しないとヤバい」となった。

白井　声なき声がものすごい圧力だと、ヒシヒシと感じたんじゃないですかね。

北田　たしかに生活ネタ、育児ネタはヤバいって感じたんじゃないかな。少子化問題は子どもを産めよ増やせよっていう人にも、子育てで苦しんでる人にも声をかけなきゃいけないし。舵取りは難しいけれど、対応しなきゃいけない。

五野井　なぜ彼らのアキレス腱なのか。やはり多くの人々が、安倍首相らの唱える家族像がファンタジーだって分かってきちゃったわけですよね。例えば、2016年1月8日の衆院予算委員会で、安倍は「夫が50万円を稼いで、妻がパートで25万円を稼いだら世帯収入は75万円になる」なんて、ついつい彼の頭の中の現実感のない稼ぎ手像を日本中に披瀝してしまった。

白井　「アベノミクスで景気がよくなってきたから、妻がそろそろパートに出ようと思い立つ」っていうお話でしょ？（笑）。

五野井　そもそも、なぜか夫が妻の倍を稼いでいなきゃいけないという謎の設定が問題です。

北田　麻生さんがカップラーメンの値段を知らないのは許す（笑）。だけど、財務省から事前にレクチャーを受けていても、さらっと「パートで25万円」が出てくるのはおかしい。

白井　ということは、レクチャーしたヤツも分かってない？

五野井　麻生さんのカップラーメンの値段は彼が泊まっている高級ホテルの室内にあるミニバーの値段だろうけど、安倍さんの考える給与モデルはたぶん彼の中のリアルな実感なんだと思う。子どもも手当がつくけど扶養控除はつかないとか、納税者は誰でも年間38万円までの基礎控除が適用されるなんてことは、分からないのでしょう。そういう、普通の人との感覚のギャップが積み重なっているのではないかと。

白井　世襲の特権階級だから庶民の生活が分からないという事情は理解できる。もちろん、「理解できる」というのは「だから許せる」ということではありませんよ。でもね、実感がなくても、自分が論理的に矛盾したことをしていることは自覚できなきゃならない。三世代同居の推奨なんて、要は、「女はシャドーワークだけやって、賃労働の市場に出てくるな」ってことじゃないですか。

北田　あるいは農業を再生させて、家内労働に従事させるしかないですね。

白井　他方で「すべての女性が輝く」とか「一億総活躍」とか、要は賃労働の市場に出てこいと。これがまったく矛盾した話だと、なぜ分からないのか。

北田　「子どもを増やせ」と「家族を大切に」をどう両立するか、彼らの頭の中でちゃんと線を結べていないと思う。そこがアキレス腱でしょう。さっきは冗談めかして言ったけれど、考えてみたら、三世代同居をちゃんと普及させるには都市住民を農村に追いやって農業をさせるしかない。

五野井　その農業だって「戦略的農業」でＴＰＰ下でも勝てるようにしなきゃいけない、と。

白井　今までの三ちゃん農業みたいなものでは絶対ダメだと。

五野井　大型の工業化された農業にして農場経営者にするか、あるいはどんな環境でも植えられるように「段ボールから米が生えます」といった方向ですね。でも、右派的な景観論や国土論の言説でいえば、里山や稲作こそが文化を豊饒に内包しているわけで、それらの風景によって「美しい国」が成り立っている。安倍総理のフェイスブックのフロントページは田んぼのあぜ道で農家のおばあさんに深々と頭を下げているという、これまた高度にファンタジーな画像なわけです。まさにそういう田舎の風景を「ぶっ壊す」ということです。

かつて日本思想史家の津田左右吉が『神代史の新しい研究』で示したような、「風土が温和豊饒で、適当に労作すれば適当な報酬を得ることができ」る、などということはこの国ではいよいよ不可能になった。

北田　結局、バラバラなんですよ。白井さんが言ったように、いろんなものをひとまとめで見ると、「おかしい、ガタガタ、何も考えていない」のがわかる。けれど、そのセットで理解するというのがなかなか……。

五野井　実際、一方で産めよ増やせよで人口を増やしたい、でも子育てにお金は出しません。ムチャクチャですよ、どう考えても。

北田　ならば、移民も入れないと。

五野井　移民も入国が歓迎されないのでは、ますます人口は増えない。2015年の合計特殊出生率は1・46となり、やっと2014年より0・04ポイントだけ上がったけど、まだ改善にはほど遠い。このままでは八方塞がりですよね。

白井　これだけの矛盾を矛盾だと気づかないのは、本気で物事を考えたことがないからか、その能力がないからか。

五野井　現状の日本では、子育てに政府や地方公共団体がお金を出さなければ、人口が自然に増えるとかないわけですよね。ある政策を通すとある政策が通らないという、当たり前のことを考える余裕が為政者にない。他方で官僚たちはしっかりと将来を見据えています。内閣府は子ども向けに少子化対策のパンフレットを作成しましたが、イラストは久米田康治。なので表紙は『さよなら絶望先生』の主人公である糸色望だそうです。なんというか、いろいろと分かってらっしゃる。

■京大教授の給与明細

北田　本当は野党がちゃんと、「保育園落ちたの私だ」の怒りと原発再稼働とTPPとか、教育の無償化問題と移民とか、全部が繋がっているとパッケージングしなきゃいけないんだけれども。

白井　民進党の従来の幹部には、到底できそうにない。というか、やってこなかったのだから、「どうせ、岡田さんも枝野さんも（首相と）似たようなオッサンでしょ？」と思われるのが当然。

五野井　「強靭な国民をつくる」というなら、子育てにもっとお金を出すべきだし教育も無償化すべきだし。日本という国は、ほっといても絶対に人が増えないわけだから。

北田　「競争するとスーパー日本人が育つ」っていう理論をお持ちらしい。

五野井　そのスーパー人材を作るには、やはり教育にある程度の投資をしなければいけないわけで。今は、競争を勝ち残った者だけがとりあえず生き生きと活躍せよという方針ですね。これは勝ち残らなかった人は敗北感を抱いてテロリスト化する危険性も孕む。警察や自衛隊の任官制度は多く採用して不適格者を振り落としていく方式ですけども、訓練された警察なり自衛隊なりに反感を抱いている人を民間に大量放出しているわけです。また勝ち残った側もウィリアム・ゴールディングの『蝿の王』みたいにウルトラにギスギスした人を生み出します。

北田　必然的にそうなる。

五野井　で、「日本死ね！！！」となる。「子育てが特権的だ」と言われても、子育てやっても「これじゃ生き地獄になっちゃうよ」と。進むも地獄、退くも地獄。

北田　「子育てが特権」とか「よく言うわ」って思う。

五野井　独身あるいは子どもがいない夫婦に比べて、子育て世帯は圧倒的にお金が貯まらない。ワーキングプアの人は働いても働いても可処分所得が増えませんが、子育て世帯はさらに悪化した状態ですよね。
北田　赤木さんの問題意識は部分的には分かるけれども、公園にいる親子があなたの幸せを奪ったわけじゃない。ゼロサムじゃないいんだから。
五野井　アレゲな人は一生アレゲなんですよ。孤独を楽しむしかない。
白井　ああ、言っちゃった。
北田　それは身も蓋もなさすぎ。でも、もし子どもをほしいと思う人なら、あんなこと言ってる人と結婚したくないじゃない。養育とか一緒にできるとは思えないもの。
五野井　自分で自分を不利な場所に追いやっているのだから世話がない。ああいう泣き芸は、一瞬は人々のルサンチマンをくすぐるけど、長い目で見たら何もプラスなものは生み出さない。
北田　それはそうとして、すでに椅子の数が決まっていて、不幸になるのは誰かが自分の椅子を奪ったからに違いないという発想を止めないと、お話にならない。
　そういえば最近、京大の教授の給与明細がネットで流れて（高山佳奈子氏のブログ記事「京大教授の年収と『社会一般の情勢』」http://kanakotakayama.blog.eonet.jp/default/2016/03/post- 637e.html）、年収960万円が高い、もしくは安いと大騒ぎされていましたが。
白井　手取りは600万円台だそうです。
北田　だから、つまり、安倍さんが「夫の収入が50万円～」云々で言っていた「普通の共働き世代」

は、それが手取りを意味するなら、京大教授のことです。これを高いとみるか、低いとみるかは基準次第で、相対的には安くはないと思う。

五野井　日本人の平均収入が400万円ぐらいだから、それに比べれば多いのは確かですけれども。

白井　僕は、大学教員の給料は国公立私学を問わず一律年収500万円にすべきだと思う。

北田　それは分かるけれど。

白井　メリットは山ほどありますよ。専任教員ポストを増やせるし、1人当たりの教務負担も減る。研究と教育が充実します。金銭のみに惹かれて異業種から参入してくるやる気のない教員がいなくなる。授業料を安くできる、等々。もっとお金がほしければ大学の外で稼げばいい。

北田　だけど問題は、文科省が、大学にもっと外国人教授の数を増やせ、外国からノーベル賞級の人を連れてこい、とか言うわけですよね。この額で誰が来るかって話なんです。

五野井　それこそ明治政府は、お雇い外国人に日本人の10倍以上の給与を支払っていた。

北田　そう、お雇い外国人ぐらいの額を出さないと優秀な人は来てくれないですよ。この年収で来てくれると思っているのがすごいなと。

五野井　なぜならば、近頃NHKも民放もこぞって流している番組になぞらえれば、日本は「素晴らしい国」だから（苦笑）。しかも、かつて鶴見俊輔や谷川俊太郎が指摘したように、ちょっとでも自分たちを大きく見せて気持ちよくなりたいときには、日本は「ニホン」ではなく「ニッポン」と発音する、こういうのが流行ですね。

北田 京都大学というのは、日本でもそれなりに立派な大学ですよね。その大学がノーベル賞級の外国人教授を呼びたくても、この額では相手が「ふんっ」と笑っておしまいですよ。このことは、理解しないといけない。

話は巡り巡って、大学から幼稚園の教諭まで、教育職の給与水準にも繋がります。その給与体系が、ヒトに投資することの意味を考えたときに、他国と比べて果たして適正かどうか。私たちがこれを言うと、すぐ「陳情だ！」って言われるけど、そうじゃないですよ。人的資本への投資という観点が、大学にかぎらず、もろもろの教育・研究機関や企業も、決定的に欠けている。教育はすべて私的消費財だと思われているんでしょう。だから「無償化する必要がない」って言われたり、「多く投資した人がリターンも多く受け取れるようにするべきだ」という発想になってしまう。これはすごくよくないです。人への投資に国や社会の側がある程度の責任を持たないと。

その面で、今の日本が悲劇的な状況であることは確か。京大教授の給与が高いか低いかは、突き詰めて考えると人的資本への投資をどう見るか、という問題じゃないかな。

■国旗・君が代問題

白井 大澤真幸さんと木村草太さんの対談本（『憲法の条件 戦後70年から考える』ＮＨＫ出版刊）で、

ルソーの用語でいう「特殊意志の総和としての全体意志」と「本当の意味での一般意志」の話が出ていた。お二人が一致して指摘していたのは、日本は「一般意志」が作れない社会で、普遍的なものへの指向性があまりにも弱すぎるということ。その通りだと思う。今、北田さんが人的資本への投資についておっしゃったこととも関係していますよね。

北田　ルソーは教育が好きだったしね。

白井　国の政策が、教育を私的消費財としてしか捉えてない。教育機関を利用する子どもやその親も同じ。子どもを学校にやるのは、たしかに手に職とか高い学歴とか、個人の生活手段や立身出世のためでもあるけれど、それだけではない。人間的成熟を教育課程で果たして、まともな社会を構成できる人間をつくるのも教育の使命である、というのはそもそも自明な話なんですが、今の教育改革は、大学改革を含めて、後者の面についてまったく考えていない。

北田　昔のアメリカでは、連邦政府が黒人の有権者としての権利を認めても、州レベルでバックラッシュが起きて、書き取りテストや暗記テストとかで、字が書けない人を有権者として認めないといった抜け道を作った。日本でも実際に、かつては納税額や性別で有権者資格が決まっていた。でも、「そういうことは止めましょう」が私たちの社会の決まりですよね。

五野井　今でもオランダやオーストラリアのように、屈辱的な入国テストとか愛国者テストを移民希望者に実施する国はありますよね。

北田　それは移民の統合政策だし、少し事情が違うかもしれない。ともあれ、国内の国民をテストしないのは、言い換えれば「国が個々人の教育を受ける権利を認めます、それは国の義務です」と高らかに宣言したのと同じです。
　だから、完全普通選挙と教育は、国の責任と表裏一体。夫婦別姓問題で「名字が一緒にならないと結婚した気がしない」なんて言うヤツと自分が同じ1票かと思うと悲しくなりはするけれど、でも、普通選挙とはそういうものです。その現実をわれわれは受け入れているし、昔に戻すべきではない。とすると、やはり将来の有権者になる国民の教育はきちんと保障すべきで。
五野井　でも今は文科省が、それも文科大臣が音頭を取って国立大学でも、「ちゃんと『君が代』を歌わないとお金を出さないよ」といった、品性のかけらもない再国民化、あるいは国民再創出の手段として教育を使おうとしている。
北田　政府が憲法を守っているかきちんと監視できる市民を育てるのが教育であって、明治憲法体制が想定していたような「天皇の統治する国家に尽くす臣人」を生み出すことではないはずです。
白井　でも、自民党の人たちはその支持者を含め近代人じゃないですからね。
五野井　だから、小学校から大学まで、卒業式ではちゃんと国旗に向かって並ばなきゃいけない。反対側に背を向けると不敬である、みたいなことが復活してきましたね。
白井　先日、大阪で「卒業生と在校生が対面して並ぶ卒業式は、国旗に背を向ける子どもがいて不敬だ」と。

北田　公立学校で「不敬」って概念を使っていいんですか？

白井　「不敬」という表現は使っていませんが、事実上はそう言っていた。

北田　でも、オリンピックの表彰式で表彰台に上るときだって、国旗に背を向けざるをえないですよね。

白井　この理屈なら、あれも不敬（笑）。卒業式で校長先生が国旗に背を向けて話すのも不敬ですよ。戦前は小学校の木造校舎が火事になると、校長先生が御真影を救出に駆け込んで焼け死んだりしたというけれど、あの時代に逆戻りするのかという話です。

五野井　実際、御真影は明治時代に20年ぐらいかけて普及したわけでしょう。そういう「作られた伝統」（ホブズボーム）を、彼らは、もう1回再興したいのではないでしょうかね。

■階級化する消費社会

白井　教育問題全般について言えば、結局のところ、教育以前に、資本主義の問題だと思う。つまり、消費社会化が進むところまで進むと、教育は成り立たなくなる。消費社会は、「この世に買い物以外、何も重要なことはありゃしませんよ」というメッセージを四六時中、四方八方から若い人達に叩き込む。学校でいくら先生ががんばって「君達はもっと社会的なことに目を向けなきゃいけないんだ」と訴えかけても、学校から一歩出た瞬間に、このメッセージに四方八方から包囲されるわけですから、うまくいくわけがない。学生や生徒が「教育商品の消費者＝お客様」になってしまったら教育は成り立ちようがない。お客様は神様なんですから、神様には教えようがない。

北田　白井さん的には、消費社会的なものは、なくしてしまったほうがいい？

白井　消費社会なんか、クソ食らえですよ。

北田　それはわかるし、僕も「80年代アカデミズム」や「ニューアカ」とか死ね、と思うけれど。消費社会の先にどんな世界が待っている？

白井　たぶん、誰が主体でやっているわけでもない愚民化政策ですね。9割方の人間は、おバカな消費者、バカな豚であれと。1割ぐらいの人間は「こんなのおかしい」と気づきますから、その人達だけにふさわしいエリート教育をする、という世界になっていくのでしょう。

北田　そうすると、例えば現在、有権者は20歳以上の男女ですよね。今度18歳になるけれど。昔は、納税額で決めていたじゃないですか。かつ男子だけ。さすがに今の時代、有権者を男子だけにするわけにはいかないけれど、納税額で区切ったら、それなりに学歴があって比較的教養のある人の割合が高くなりますよね。それはオッケー？

白井　いや、全然オッケーとは思わないですね。

北田　でも、そうしないと愚民は愚かな者を選んでしまう。

白井　いや、愚民と収入に相関関係はありますが、しかしながら一致はしない。三浦展さんが言ったところのいわゆる「下流」の人達は、総じて収入があまり高くないかもしれない。けれども、必ずしも全員がそうではない。非常に収入が高い下流も、十分にありえるし、収入は低いが下流でないということもありえる。

五野井　たしかにね。ネット右翼の活動などにおいて、ツイッターで炎上する人の社会属性を見てみると、実は結婚していて子持ちで、かつ収入も割と高く、学歴も高い人間が多いとか。

白井　「アベノミクスで株価が上がってウハウハ、だから安倍政権熱烈支持」みたいな人たちは収入が高いけれど、本質的な意味では愚民の見本みたいなものでしょう。大阪維新の会の支持者も、中流上流が多いと見られるし。ですから、納税額の多寡で選挙権を制限したところで、政治が成熟するなんてことはありえないと思います。

それで思い出しましたが、以前、教えていた大学のある授業で、階級社会の歴史を教えた。前近代的な階級社会が、産業資本主義の発展とともに近代の古典的な階級社会になり、20世紀中盤以降になるとフォーディズムの時代を経て人々が均質化された状況ができて、総中流社会が出現したけれど、新自由主義によって、現代では再階級社会化が進んでいます、といった社会学的な話です。そこで今、日本では「B層」とか「下流」といった階級や階層を指す言葉が非常に流行っています、という話で締め括って、期末レポートとして「できるだけ自分の身近なところから階級を考えなさい」という課題を出した。そこで、ある女子学生が書いてきたレポートが、すごく面白かったんです。

どんな内容かというと、「自分の家は大変貧しくて、貧乏が本当にコンプレックスだった。とにかく貧乏が嫌だから、大学に入ってから水商売のバイトをしていました」と。たぶんキャバクラか何かだろうけれど、そこで売れっ子になって、かなり稼ぎ、家を出て一人暮らしを始めた。ある時に実家で、自分はこれだけ稼いでいるんだから、これを家計の足しにしたらどうだと親にお金を差し出したら、激しく拒絶される。

北田　水商売で稼いだ金は受け取らん、と。はあ。

白井　そういうことなんでしょうね。そのあたりから親との関係が決定的に悪くなり、さらに水商売で稼ぎながら、自活を続けていく。おそらく学費も自分で払っている。ところがありがちな話で、男にだまされるんです。付き合っていた男がロクでなしで、けっこうな金額を貸した翌日から連絡が取れなくなった。それがきっかけで、水商売を辞めて、他の仕事をしながら大学に通っていると。そして、「先生の授業を聞いて、三浦展さんの本を読んだ。そこにある下流の人の行動特徴というのを見たら、これ、今の自分に当てはまるものがたくさんある」と気づいた。かつ、重要なのは、「それらは昔に比べて金のある今の自分には当てはまるけれど、貧乏だったかつての自分には当てはまらない」と書いていることです。

曰く、「今の自分は明らかに高校時代と変わってしまった。高校の頃はすごく生き生きとしていたけれど、今は無気力になってしまっている。この『無気力さ』こそ下流の特徴だと、本には書いてある」と。つまり、お金を稼げるようになる前の彼女は、貧乏だったけれども下流ではなかったし、彼女の家庭もそうだった。

これほど読みごたえのある学生のレポートもそうはありません。僕は、「ハビトゥス」の意味を実感として理解しました。爛熟した消費社会における階級が、どのように形成されるかという話でもある。

■動物化への反動

五野井 とてもよい話だ。ただ、愚かさは悪いことではないという発想もあるでしょう。ある種の愚かさというものは、とても幸せなことではないかと。つまり、愚かであるにもかかわらず、ちゃんと楽しい人生は送れる。まさに、消費社会とはそのことではないか。80年ぐらい前、ヴァルター・ベンヤミンが『複製技術時代の芸術作品』や『貧困と経験』で「これから子どもたちにとっての夢の領域は、ドナルドダックとかミッキーになっていく」とか、「ミッキーはいまの人々にとっては夢」ということを書いていた。実際に今、そうなっていますよね。

でも、それで搾取されている感覚もなく、何かダメージを受けているわけでもない。そういう状況で生きていけるなら、それはそれで草を食む動物のように非常に幸せではないかと、そういうことを吉田茂の息子で文学者の吉田健一などはさらりと言ってのけるわけです。

白井　それは、一時期の東浩紀氏が言っていた説と非常に近い。

北田　「動物の何が悪い?」っていう。愚行権は、大人の権利だから。タバコを吸ったり、体に悪いことをしたり、競馬やパチンコをしたりはべつに否定できない。それ自体は不正なことでも不幸なことでもない。

白井　それはそうですよ。そこに小さな幸せがあることもそう。だけど、動物化というのはやはり嫌だなと僕は思っていた。そうしたら、東さんも3・11で気づいたわけじゃないですか。「小さな幸せ」も大きな構造の連環の中で成り立つものであって、大きな構造のほうを全部ネグレクトして、無意識状態で生きていくことはできない。大きな構造も、天変地異などで変動するのだから。

五野井　たしかにその通りで、そうした00年代的なものは退潮していった。だけど、もし可能であれば、動物化したい人はたくさんいると思う。他方で、00年代に動物化と双璧だった内向的な「セカイ系」のほうは、10年代になって、自分達の側に政治を取り戻そう、参加民主主義だ、と今度は、ある種の社会に積極的にコミットする「シャカイ系」へと進んでいく。

白井　それは反動かもしれませんが、生じて当然の反動でしょう。アメリカでもイギリスでも、ゴリゴリの社会主義者達が、今、若者にものすごく支持されているのは、動物化して幸せに草を食んで生きてはいけないと気づかれたからでしょう。

北田　コービンはそうだけど、サンダースはどうだろう。どこまでゴリゴリかわからない。

白井　いやあ、彼は名指しで、どこどこは法人税を去年これしか納めていない、補助金をいくらもらっていると、企業名をズバリ挙げて言う。日本共産党よりも、ある意味でエグい。

五野井　でも、日本共産党は企業献金をもらっていないけれど、サンダースはマイクロソフトやグーグル、アップルといったシリコンバレーの大手5社から、ヒラリー・クリントンよりも多くの献金を受けているという報道も出ている。

白井　それでは、オバマの「チェンジ、チェンジ詐欺」の二の舞になる可能性が高いの？

五野井　いや、やはりキブツ（イスラエルの集団農業共同体）のような環境を経験している人だから。そこはどうなるかわからないけれども。

■「幸せ像」を示すこと

北田　さっき白井さんが話していた、ライフスタイルと所得が一致しなくなってきたという話に戻したいんですけど、少し気になるのが、白井さんの考える幸せな暮らし、ライフスタイルとは何なのかと。

　つまり、日本やアメリカのような社会がやっかいなのは、ユニクロとかを無難に着ているぶんには、その人の階級が分からない。少なくとも僕には、足立区と荒川区と文京区を歩いていて、散歩している人の姿は大して変わらなく見える。見てすぐ、「こいつ絶対、荒川在住だ」とは分からない。だからこれでいい、幸福だからいいじゃんという、東浩紀さん的な開き直りをするわけではない。ただ、現にそういう人達は大量にいるんです。いい夢なんか見たこともなく、消費社会が楽しいと思ったこともない人達が今、40歳ぐらいになっている。その人達が消費社会的な夢を見られるようになることは、ダメなことかな、と。

先回りして言うと、白井さんと内田樹さんの対談（『日本戦後史論』徳間書店刊）を読んで、少し気になったことなんです。保守の人はよく、オルテガ（19〜20世紀スペインの哲学者）を持ち出しますよね。オルテガの書いていることは、保守主義の立場からする大衆や大衆主義への憎悪ですよね。なぜ大衆がダメか、歴史の重みが分かっていないから、という話になっている。だとすると、愚かな大衆というものの幸福を考えない思想こそ、実は保守なのかもしれないと思う。私は、社会主義は、その愚かな大衆が、ほどほど幸せになれるために……。

白井 しかし消費社会は、絶対幸せにならない仕組みになっている。意味の消費だから、いくら食ってもお腹がいっぱいにはならない。

北田 幸せになれない？

白井 それこそ、ボードリヤールがかなり前に指摘していたことではないでしょうか。

北田 じゃあ結局、どういうライフスタイルを送ったらいいのでしょう？　生活保護世帯が4割を越えるような地域で、何が幸せなライフスタイルかわからない。

逆に言えば、足立区（東京23区で最も平均所得が低い）は、旧社会主義国みたいな感じですよ。市営団地がダーッと並んで、新交通システムの舎人ライナーがまっすぐ走って、近くに産廃処理施設がある。なんというか切ないですよ、あれは。

白井 どうなんでしょうね、他人が幸せかどうかは判断できない。

北田 でも、その人達が、例えばキラキラと、ちょっと渋谷に行って、ヒカリエあたりで買い物をしたら、それは幸福だよね。実際は、足立区の女の子って、だいたい上野止まりだけど。そういう機会が増えて、そういうことに幸せを感じる度合いが高くなっていくのが、消費社会。

白井 ちょっと待ってくださいよ。議論がよく分からなくなってきた。

たぶん、僕と北田さんでは大きなスタンスの違いがある。僕は、人の幸せ、各人が何に幸せを見いだすかは、完全にその人の勝手だと思う。他人の幸せを構想するという発想がないんです。

北田 消費社会というたとえが悪かったかもしれない。言い方を変えると、もっとポジティブに、白井さんの思い描く幸福なライフスタイルを作るためのマトリクスを出してほしいんです。つまり、今のこの家父長制社会だと、年収が１０００万円あり、妻が２００万円ぐらい稼ぎ、子ども２人ぐらいで、一戸建てがあったら、幸せですよね？

五野井 地域にもよりますが、相当、幸せだと思います。

北田　客観的にというか、イメージなので、実際は、そんな「幸せ」に生きている人はほとんどいないんだけれど。

五野井　想像がつかないけど数パーセント程度でしょうか。

北田　その程度のもの。だけど、自民党という党は、ずっとこういうのが幸せだと言ってきた。岸信介政権が60年安保で倒れたあとに、池田勇人政権で負けていないんですよね。自民党がその時に出した像が、そういうものでしょう。今、そんな像を自らのものとして思い描くことができない人が圧倒的に増えているのに、「これでまだいける」と自民党は言う。

　だから、われわれもオルタナティブな「幸せ像」を示さなければいけないと思う。そこで、白井さんの幸せな社会的な生活像は、どんな感じかと。それが分かれば、もう少し白井さんや内田さんの言っていることが理解できる気がする。このままだとみんなが「下流」になるだけですよ。それでいいと本当に思っているのか、と。

白井　ただ、例えば夫婦で年収が1200万円で持ち家で幸せそうに見えるけれども、実は家庭崩壊しているとか、不幸な状況はいくらでもある。

北田　お金持ちだって不幸、それはそうなんだけれど。

五野井　惨憺たる家もありますね。

北田　そうではなく、もちろん幸福の内実の自立性は尊重するとして、平均的な「幸せ像」みたいなものに期待を抱けるということは、とても大切だと思うんですよ。

白井　なるほど、社会政策的にはそれは重要なのでしょう。さっきの「夢」の話とも繋がるわけですが、社会には一定の共感や連帯感という基礎がなければ、みんなに一定のリソースを行き渡らせようという発想もなくなってしまう。そんな社会は不幸に決まっていますよね。

そういう意味では共通の幸福感みたいなものが必要だとは思いますが、ただし実存レベルの問題としては、僕は各人の幸福は、各人が摑みとるしかないものだと思っています。

五野井　それが正論だとは思うけれど、やはり政治には「こういう生活したいですよね、皆さん」という提示の仕方が必要ですよ。もちろんそれが、経済の次元のみに留まり人々の政治への真面目なアクセスを嘲笑する80年代的な「おいしい生活」（糸井重里）では、まずいと思うけれど。

白井　それこそ、餓死する人がたくさん出るような社会は間違いなく不幸だから、そういった状況は、政治の力で是正しなければいけないことは論を待たない。政治権力に期待するのは不幸をなくすことだけで、リーズナブルで公正な制度の設計は、国民が現実に置かれている経済や雇用の状況に合わせてやればいいだけの話だと思います。

例えば、これだけ非正規雇用が増えている中で、社会保障制度を正規雇用者を標準的主体として運用することができるはずがない。だから、健康保険や年金は一元化するべき。

■デフレカルチャーの弊害

五野井　次の日食べるパンもなく飢え死にしている人が、今の日本にはいる。それはたしかに不幸だ。まずはとりあえず明日のパン、そしてちゃんとした労働、加えて住む場所とまともな服。

白井　僕は、何が不幸であるかは言えるけれども、何が幸福であるかは言えない。要するに、国家であろうと資本であろうと、「他者が私の幸福の在り方」を規定するということが、僕は絶対に嫌なんですよ。大きなお世話だという話でね。だから、自分に対してされたら嫌だと思うことは、他人に対してもしない。

五野井　だけど、スペクタクルの社会が成立している。その中で生きている人に、「そのスペクタクル、間違ってますよ」と言っても、スペクタクルは効果的なスペクタクルを提示して凌駕しないかぎり消えてくれない。そうすると多くの人々は、誰もがユニクロを着ている中で、いかに「ユニバレ」（ユニクロだとバレること）しないかという形で差異化をしていく。

北田　ユニバレ……そんな言葉があるんだ。

五野井　そうやって、いかに安く上手く着こなすかが、ライフハック（人生の工夫）というか、都市文化の一つの技になってくる。それが期せずして、消費社会の中から消費社会をはみ出してくるものが生まれる素地を作る。無論スウェットショップ問題はあるのだけど。

今までのファッションの文法は、明確なヒエラルキーがあり、オートクチュールが一番上にあって、その下がプレタで、6ヵ月ごとに確変が起きるという、すごく儚げな世界。

白井　ファッションの世界は、まさに記号の入れ替えで成り立つような世界です。

五野井　ただ、そういう世界に対して、ユニクロでも上手く着こなしてまったく別の世界を作っていく。しかもそれが次のシーズンには、実はかっこいいカルチャーだよねってパクられるわけですよ。でもたぶん、そういう形で資本主義に組み込まれていくのも、白井さんは不愉快でしょう？

白井　まあ、そうだね。唯物論者は記号だけの戯れの世界は嫌いなんです。しかし、記号だけで動いているかのようなファッションの世界でも、たまに「モノ」が露呈することはあるんだけどね。それに出会う瞬間に幸福がありえるというのが僕の立場。

北田　そういう話は食べ物とかにも波及するわけですよね。だから80年代的な消費社会の次に登場したのは、デフレ産業ですよね。

五野井　デフレカルチャーですね。

北田　ええ、デフレカルチャーが、ダーッと出てきてしまった。近くのイトーヨーカドーで買った服をなんとか着合わせてオシャレをするなんて、私たちの時代には、中学2年生ぐらいまでの話だった。ところがここ10年間ぐらいは、ヨーカドー的なものが高校生、大学生、いや社会人まで続く状態になっている。

五野井　これがファッションならば、まだいろいろな工夫で従来の文法を崩したりすることに、積極的な意義もある。だけど、食文化や経済そのものには限界がありますからね。そりゃ、ライフハックの一つとしてプリンにしょうゆをかけたらウニの味がするかもしれないけれど、活きの悪いウニ味だろうし、そればかりじゃ厳しい。

白井　明らかに健康にもよくないし、デフレ飯は心を荒ませますよ。

北田　やはりデフレはヤバいですよ。どう考えても、人の心を貧しくするし、同時に労働環境も悪化させ、格差も広げてきた。極めて悪質なものですよ。そもそも自立した幸せを描く意志を削ぐ。

白井　ファッションにしたって、「ユニクロでもオシャレできますよ」と言っても、それはバングラデシュあたりの労働者をめちゃくちゃに搾取して成り立っている話ですからね。

北田　逆に言えば、日本の購買力が上がらなければ、海外の労働者のひどい状況はなくならないという話でもある。つまり、日本はある程度、人々が自らの幸福をそれぞれ選択できる程度には豊かにならないといけない。

デフレに満足しつつ夢を持って生きていく知恵が、僕には思い浮かばないです。「貧すれば鈍する」というか。

■文化資本をめぐる貧困

白井　それを僕は、文化資本的な問題だと思っているんです。金がなくても楽しめるかどうかは教養の問題であって、教養の面で富んでいれば、いろんな楽しみ方がある。

五野井　いやしかし、そもそも教養を個人が蓄積できない経済的な状況だったらどうするのかと。

白井　そこが大問題で、さまざまなサポートが必要でしょうけれども、金さえあれば解決できる問題ではない。例えば、金がなければ、タダで読める本を読めばいい。公立図書館はいっぱいありますよ。それくらいのインフラは蓄積されてきたわけで。

北田　白井さん、けっこうシビアだなぁ。

五野井　北田さんが不安に思うのは、そのインフラさえも、今は崩されてきているということですよね。公立図書館もツタヤの運営になったりしている。

白井　もちろん、その危機は起きてますよ。そこは死守しなければいけない。でもね、これだけ過剰生産がされている世界で、そうしたインフラが破壊されつくしてしまうなんて、ありえませんよ。公立図書館がダメでも、古本屋に行けば、岩波文庫の面白い本が1冊100円とかで売っている。問題は、それを面白いと思えるかどうかという人間側の問題でしょう。

北田　教養があれば貧しくてもよいという感覚は、私にも、分かることは分かる。私の大学の同級生でも、今もミュージシャンだったり、作家だったりするヤツらがいて、貧乏だけど、やはり東大を出ているし、本もいくらでも読んでいる。貧しくても、何とか生きている感があって、中には若者に説教して喜んでたりするのもいる。ただ、誰でもそんなふうにはなれないと思うんですよ。

五野井　ただし、その貧しさが、本当のいわゆる貧困な文化にとどまるのか、それとも貧困からレイバーカルチャー的なオルタナティブなものが出てくるかという分岐はあるはずです。それが軽佻浮薄でポップなものから出てくる可能性に、ベンヤミンは注目していたわけです。

白井　とはいえ、やはり教養の基礎的蓄積がない人は、厳しい。「金ないの？　図書館に行けば本があるよ」と言われても、本て、読めない人は本当に読めないのでしょうね。1年に1冊読むか読まないかという人は、山のようにいる。そういう層を教養が救ってくれることはない。でも、その救済手段を設計してあげることのほうが、実はもっと残酷でしょ。

先ほどの「他人の幸福を設計できるか」という話と繋がりますが、「こういうのが幸福だと思いなさい」ということを資本がやろうが、国家がやろうが、それは必ず人間を受動的な存在にしていくことになるでしょう。受動的になりきった人間は、自分の幸福を絶対に見つけられませんよ。見つからないから、他人に対する文句ばかりを言うことになる。いまネット空間で炎上騒動を引き起こしているような連中とは、そういう人たちでしょう。彼らは、他人の幸福を憎悪することのみに、異常な能動性を発揮する。

これは、消費社会がもたらした受動性に根差した新しい貧困の形だと思う。新しいというのは、このような意味での貧困は、収入がそれなりに高くても陥りうるものだからです。北田さんが言うように、「誰でも教養で幸福になれるわけじゃない」というのは確かだけど、こういう極限的な受動性を救済する手段はありませんよ。逆に、それを他人が考えれば考えるほど、受動性はひどくなる。「自分の不幸を救うのは他人の責任だ」ということになるのだから。

五野井　貧しさを肯定する言説は、昔はあったわけです。さっき、保守の話でオルテガが出てきたけれど、彼がもともと影響された人の一人がカーライル（19世紀イギリスの歴史家、評論家）です。カーライルは『衣装の哲学』をはじめ多くの評論の中で、お仕着せのテーラーメイドジェントルマンはノモス（人為）の次元に頼りすぎていてダメだと切り捨てる。本来の、ピュシス（自然）のそれ、すなわち自然的貴族というものがいるはずだと。そういうものは人間そのものから香ってくるのであって、お金があるから大枚をはたいて仕立屋で服を作るようなヤツは成金だしダメだと説くわけです。だから逆説的に、成り金や文化的な素養がない人間こそ、服にこだわったり、いわゆる教養的文化にこだわるんだと手厳しい。ただし、これはまだ、資本主義が社会全体を覆う前の世界の話であって。

北田　本当に趣味のよい、ジェントルな層がいて、その層に成り上がろうとしている人達を笑う言説だったわけですよね。

五野井　ええ、まさに。しかも、この文脈で笑われているのが、まさにテーラーメイドジェントルマンの代表格であるベンジャミン・ディズレーリ（19世紀イギリスの政治家、小説家）なんです。ポピンジェイ・ダンディ、つまり「オウムみたいなダンディ」だとけなされている。

北田　イギリスはキツい社会だな。

五野井　だからカーライルの文学論を読んだ夏目漱石は、ノイローゼになったのかもしれませんね。「ダンディ」は、ボー・ブランメル（ダンディズムの祖）からずっと続く系統だけど、あれは作為的にやっていると、「身を持ち崩すほどにお金をかけたり、蕩尽してること自体、無理がたたっている。だからダメ」となる。近年だと、こうした観点からフランスのアルニスというメゾンが出していた雑誌の中で、何人かの文化人によって三島由紀夫が批判されていました。

白井　ヨーロッパの、ものすごく根深い階級社会のいやらしさでしょうかねえ。

北田　いや、でも少し原理主義的な社会主義者として言いたいのは、今、聞いたカーライル的な言説がメジャーで、オルテガとかが「フン、成り金が」と人を小馬鹿にしていた時代を経て、ベンヤミンは何を見い出したかですよ。観客がミッキー・マウスを見ている映画館の中で、社会主義的身体ができつつあるんだと。それをとらえる彼の視点を今に移すと、ユニクロを着ている人達が飛びつくような何か。それが何か、新しい連帯や関係の形を作るんじゃないかと思いたい。そこから、もっと広く、東京郊外の超やる気がない層とかにまで、どんどん広がっていくと、それはかなりオルタナティブなものではないかと。

五野井　実際そうなんです。ベンヤミンについて近年言われているキャッチコピーは、人類初のポップフィロソファー、ポップ哲学者だと。北田さんがおっしゃった通り、カーライルやオルテガが

「何これ?・」とバカにしているものにこそ、実は新しい文化的価値や連帯の萌芽があったのです。

北田　後世の人から見たら、ベンヤミンのほうが教養ありますしね。少なくともオルテガよりはあると思う。実際は知らんけど。

■文化=政治の有効性

白井　そう考えると、やはり20世紀後半の文化には偉大な成果がある。アメリカニズムの成果と言ってもいいのかもしれないけれど。エリートから大衆までがかなりの程度同じ娯楽を消費する空間が生まれたわけですよね。

五野井　それが文化=政治的な強さになる。楽しむ時には階級差がなくなってますからね。そういう文化は導火線になりうるし、着火ができる。それをしっかり示してくれたのはビヨンセがスーパーボールのハーフタイムショーの際に行ったパフォーマンスです。アイツらにやられるなよ、そのためにみんなで「フォーメーション」を組もうってね。

北田　ハリウッド映画とかにある、超高級住宅地の社長から普通の従業員まで、みんなが同じフットボールを見てる感じ。アメリカニズムと聞くとすごく悪く感じますけど、教養による階層格差をジャラジャラと混ぜたわけですよね。だから保守主義者と教養主義者はアメリカが嫌い。すごくみっともない社会に見える。

そのジャラッとさせた感覚は、違う形でも展開可能なはずで。まさに、サンダースがそれをやっているのかもしれない。決して今のアメリカが必然だとは思えないんです。

白井 たしかにポジティブな話だけど、この20年間ぐらいでそのあたりの何かも、内側から崩れ始めた感じがします。

北田 例えば、少し前にはやったような視覚文化論とかの、ちょっとした文化装置のずらしが小さな抵抗の契機になるみたいなのは、限界がきた感じ?

五野井 私は、先に挙げたビヨンセも含めて、むしろそれらがより大きな抵抗の契機になる可能性は非常に高いと思っています。つまりポップなものには、横に広がる力と貫通力がある。実際、サンダースを大勢のポップスターが応援している。ホールジーという女性シンガーの「ニュー・アメリカーナ」という曲が全米1位になり、アメリカの新しいアンセム(国歌)だと言われていますよね。彼女が一時期、ツイッターのプロフィールに「bernie sanders fan」と書いた。それでサンダースの支持者がすごく増えたんですよ。

本来はアウェイな資本の側の手管が、ある瞬間に私たちの側にグッと全部引き寄せられてくる。そういう現象こそが、恐らくベンヤミンが見ようとしたものじゃないでしょうか。

白井 例えば、戦後日本で階層に関係なく広範な人気のある娯楽といえば、野球でした。これ、野球の人気が低下した今の視点からよく考えると、すごい状態だったと思うんですよ。野球って、そんなに観るのが簡単じゃないからです。ルールは少々ややこしいし、わりに動作がゆっくりしているところがあるから、「間を楽しむ」感覚が分からないと面白くない。何も知らない人がいきなり楽しめるものじゃないでしょう。つまり、ある意味で、これも教養なんですよ。きわめて多くの日本人が、野球を観て楽しむことができるという共通のポップな教養があり、それが「一億総中流」の文化だった。これが今崩れているのだと思う。

この状態が戦後民主主義でもあったわけで、それが過去のものになった。並行して、いわゆるサブカルチャーに関しても、かつては、ポップなものが基本的に戦後民主主義的な価値観と親和的だったはずなのに、過去10年か15年ほどの文化的傾向は、むしろ反動的なほうに向かっているように見えますけれど。

北田 というと？

白井 例えば、アニオタと右翼、ネトウヨみたいなものの親和性が高く見えたり。

五野井 たしかにネトウヨとアニオタの親和性は、一方ではあります。だけど少なくとも、戦後民主主義は、アニメを通して受容されてきた面もある。『機動戦士ガンダム』は、明らかに戦後民主主義でしょう。

北田 愛好者として断言しますが、そうです。戦後民主主義というか、失敗した新左翼。

五野井 あるいは『少女革命ウテナ』は、タイトルがそもそも「革命的」だけれども。そういうものも含めて、戦後の主要なアニメは民主主義的なモメントをちゃんと受け継いできた。そこには、具体的に声は上げずとも極めてリベラルな感性が宿っていたと思う。白井さんの大学（京都精華大学）の学長、漫画家の竹宮恵子さんはまさにそうですよね。彼女の『地球《テラ》へ…』は、明らかに戦後民主主義。そういうものはちゃんと受け継がれていて、まだまだ効いていると思う。こういったものが政治の資源となる。

白井　そう言えば、『ゴルゴ13』にすら、安倍政権批判を示唆するシーンがあるという……。

■ネオリベより速く

五野井　私も白井さん同様に、文化服装学院で定期的に流行論の話をしています。そこでは、まず「君達は持たざる者だ」「でも持てる者たちよりもより流行に敏感で速く動ける」と話す。だから、速く動け、と説くのです。学生が作ったものは、誰かにどんどんパクられていく。でも、たとえパクられても、パクる側よりももっと早く動け、と。

生産したものは常に繰り返し剽窃されていくけれど、それよりも早く動き、新しいものを耐えずずっと生み出し続ければ、勝てる。たとえ持てる者ほどお金がなくて、大陸間やグローバル都市間を短期移動できなくてもね。だから「速くあれ、たとえ場を動かぬときにでも」（ドゥルーズ）と説くのです。

白井　滑車の中のネズミみたいに頑張るということ？

五野井　だけど、要するにネオリベラリズムよりも早く動けば、ネオリベラリズムに勝てる。ネオリベラリズムの手法でね。

北田　すごいな。五野井さんがネオリベ。

五野井　正確には私自身はネオリベではないのだけど、ネオリベラリズムの手法を逆手にとってネオリベラリズムよりも先に行き、彼らの前にルールを設定する。つまり、もっと速く動け、と。

白井　ネオリベラリズムはやっかい。でも、世の中がどんどんネオリベ化していることは間違いない。そんななかで、若い人を見ていて、「なんで君たち、こんなにボーッとしてるんですか？」と、ネオリベ的説教をしたくなることもありますね。

北田　……ヤバい。私が一番、のんべんだらりとした人間になってきてる。

五野井　でもネオリベを無効化するには、ネオリベラリズムの設定した土俵を崩すか、あるいはネオリベの競争のただ中で競争のルールを変えていくしかない。だからこの前、私の教え子達がCCCメディアハウス（TSUTAYAを中核とするカルチュア・コンビニエンス・クラブ系列の出版社）から、『TOKYOおめかし図鑑』という、これから流行する東京モードを120ジャンルほどにマッピングし図鑑化したものを、一冊の本にして出版しました。そうやって生成変化を、この瞬間にも生み出させている。

マラルメだって資本主義が大嫌いでしたよね。だけど彼は、流行を全部追い、自分で雑誌を作ったりして、さらに流行の先を行くという方法を取った。実は、ポップな人々は、昔からやっている手法なんです。先にも挙げたヴァルター・ベンヤミンや、「装飾は犯罪である」と喝破した建築家で批評家のアドルフ・ロースもそうですね。実際にロースはロブマイヤーのようなガラス工芸やウィーンのファッション業界に衣装デザインも提供しています。

でもある時期に、この手法はぱったり見かけなくなった。まさにソビエトの社会主義革命の冷徹な現実と全体主義化に、ロシア・アヴァンギャルドたちの夢がかき消されていったことも影響の一つでしょう。

では、ポップなものを使って状況を生成変化させ、動かしていく路線はどこに行ったのか。まず、50年代にフランスで雑誌『アンテルナシオナル・シチュアシオニスト』が出ますよね。ああいう形で文化を牽引していき、1968年の5月革命の下地をつくる。もちろん60年代のフルクサスなどもそうですが、実はそれが80年代、90年代にもう1回復興して、資本主義に乗りながらも、資本主義を越えていく手法は、2011年のアラブの春とオキュパイ以降の流れにも繋がっている。

白井　たしかに常にそれはありますね。例えば今、バンクシー（ゲリラ的に作品を発表するイギリスの覆面芸術家）の作品をブルジョワどもが買いまくっている。「クソったれ」と思うけど、しかしまあ、そういうものですよ。だからバンクシーは、常に先回りして自分の作品を買うブルジョワどもを作品を通して罵倒する。

■機会の平等を保障するには

北田　ちょっと議論の抽象度を上げたいんですが、ここまでの話の根幹にあるのは、「正義」と「幸福」（福祉・善さ）の問題だと思うんです。基本権で言えば「自由権的側面」と「社会権的側面」の関係をどう根底から考えるか。

リベラリズムは、基本的に「正義」。その中心に公正を置いている。社会主義は基本的に「福祉」とか福利、幸福などがいかに可能かを考える政体だと思います。しかしまあ、どうなんだろう？ここまで聞いていて、「穏健なリベラル」のはずの私が、どうも社会主義者のような気がしてきました（笑）。

まず大きな政治の課題として、幸福の実現があるはずです。人々の幸福の中身に政治が立ち入らないのは当然としても、幸福であるための基盤はつくらなければならない。それは社会権の範疇でもある。では、果たしてただの社会権でよいのか、現代社会では難しい問題になっている。

そもそも、自己決定も自己責任も、真空には存在しえない。上の世代から継承される資本がありますからね。あるいは、大企業、中小企業の間でも、大きいところから小さいところへ移転するという発想がありますけど、それも限界のある気がする。民進党にも共産党にも不満なのは、そこなんです。人々の社会生活も経済生活も、通時的にできています。教養も財産も再生産される。財産を生み出す能力も親から継承される。これをどう考えるかが、現代的な課題だと思います。

よく「機会の平等」と「結果の平等」と言いますけど、結果の平等ならば、アホみたいに簡単。例えば、皆が年収500万円を取れる社会にすればよし。

白井　はい。

北田　しかし、そんなものに意味はない。問題は「いかにして機会の平等を作るか」でしょう。というわけで、結果の平等がダメだから機会の平等でいこうという話になりますが、こちらは恐ろしく難しい。いかにしてさまざまな人を同じスタート地点に立たせるか。家庭環境から何から全部がばらばらですから。しかし、これが揃っているという前提で自由競争をやるのが、バリバリの資本主義です。

機会の平等を保障するためには、ある程度、理に適った、正義に適った法制がある社会でなければならない。同時に、スタートラインを揃えるには、人々の持つ財が揃わなければならない。世代によって拡大したり、バラつきがあったりしては自由な競争にならない。と考えれば、再配分に重点を置き、なおかつそれぞれの個々人が自立的に、つまり自由に、それぞれの幸福を追求できる財と制度を提供するのが国家の義務、と思いますが、どうでしょうね。そこらへん、違うかな？

白井　まったく同意です。ここは3人とも同意できるんじゃないでしょうか。スタートラインの平等をどこまで国家が保障すべきかは、それぞれ考えが違うかもしれないけれど。

五野井 今の話が最低限、共有できるラインですよね。

白井 問題は「機会の平等はすでにあるじゃないですか」とシラを切る人が多い。今の自民党政権がまさにそう。「結果の平等は共産主義だからダメ！」と一方で言い、機会の平等は「資本主義の社会だから、自動的にあります！」と、まことしやかに言う。でも実際には、機会の平等を作るために何の力も働かせていない。

北田 機会の平等をやろうとしたら社会的な体制にならざるをえないのにね。

白井 消費社会化の進展で何が起きたか。機会の平等を、制度の側が善意で、お金もかけてなるべく作ろうとしても、逆に機会の平等をどんどん失わせる強烈な圧力が働く。

教育の機会均等も、近年ずいぶんと格差がはっきりしてきたという議論がありますよね。現実にそう見える。しかし、じゃあ本当にお金がないと全然ダメかと言えばそうではない。「グローバルエリートになりたければ、英語力が必要」と言われたとき、小学生の頃からクソ高い授業料を払って英語塾に通わせなければいけないかと言えば、そんなことはない。「ＮＨＫラジオの基礎英語があるじゃないですか」という話です。

五野井 でも、家にラジオがないとダメですよ。

白井 いわゆる「定評ある学習参考書」は、本屋に平積みになっていて、たくさん売れているだけに値段も安いですよ。

五野井　たしかに。でも本屋は近頃、減ってきたたし、本屋に行かない人も増えたから。

北田　アクセスがね。

白井　これ、さっきの教養の話と同じなんです。結局、インフラはあるんですよ。でも、そもそも親や本人がそれにアクセスすることを思いつけるのかというところに肝心の点がある。もし全然思いつかないのならば、いくらお金をかけて「インフラを充実させましょう」と言っても、砂漠に水を撒くみたいな話になる。それではいくらお金を投じても文化資本格差は解消できない。ここがすごく難しい。

北田　その通り。本屋に連れて行くという話も含めて文化資本ですからね。この格差をならすのは、難しい。ただこれは、お金なしで解消するものでもない。

五野井　「本を読むことはかっこいい」とか「政治に参加することはかっこいい」というカルチャーならば、ある程度は流行にできる。

北田　それはよいと思う。ある程度の階層より上では。

五野井　それはそれでまた問題だけど、今は、そういう文化を作っていくことぐらいしか選択肢がない。

政治との関連で言えば、今の投票制度も被選挙権も、そもそも、票田を引き継げるか引き継げないかも含めて、明らかに機会の平等ではないですよね。選挙には金がかかるけれど、票田だけは親から非課税で受け継げる。

北田 かと言って世襲禁止は人権上できない。

白井 「何々先生の息子／娘だから」といって思考停止で投票する慣習が続いているかぎり、一定のルールをつくるしかないと思いますね。つまり、「何親等以内とは別の選挙区に移らなければいけない」とか。

五野井 うん、でもそれは、憲法上は難しいでしょう。例えばクオータ制（男女格差解消のために一定数を女性に割り当てる制度）を徹底しようとすると、「憲法上の男女平等に反するかも」という言い方もできますよね。

北田 たしかに、よくある反論ですね。

五野井 そこで、例えばイタリアでは、憲法上難しくとも、各政党が自主的に党内のクオータを考える。これならば憲法に違反しない。政党が勝手にやっているだけ。同様に、自分たちの党内で「やはり世襲制はよくないから、選挙区替えをしよう」と自主的にやればいい。今の自民党はやりそうにないわけですから、市民がそういう圧力をかけていくしかない。

第三章

国家と憲法をめぐって

■危うい憲法理解

五野井　自民党の改憲案についても考えたいと思います。最近、保守主義系の人たちが「憲法っていうのは日本には過去からずっとあるんだ」みたいなことを言い出しましたよね。保守系の経済評論家とかが「日本には昔から憲法がある。十七条憲法である」と。こういうことを真顔で言えるのが、あの人たちの問題性を象徴しているということでしょう。近代憲法典と、いつの時代に作られたかも諸説ある「憲法」を等価だと見なすファンタジーが横行している。

白井　劣化の極みで、ほとんど狂気です。

五野井　そう。ここから読み取れるのは、まず一つに、当然、彼ら「保守」を気どる者たちは、十七条憲法を実際には読んでいない。かつ、明治憲法と今の憲法の違いも、たぶん分かっていない。もちろん経済保守の方々は、ほぼ確信犯でそれをやっているのでしょうけれども。

北田　この2年間ぐらいで、日本では「憲法とは何ぞや」がまったく根づいていないということを、皆が共有できた。これは逆説的な意味でとてもよかった。まあ、自民党の人は共有するつもりもないらしいですが。

自民党の改憲草案は、さすがにあのまま本気でやる気なのかわからないけれども、学級会ノリですよね。先生がやらせたいことを学級の決まり事にして、どんどん書き連ねることってあるじゃないですか。ほとんどあのノリ。

五野井　まさに学級会的な論議として、「義務を果たさない者には権利がない」という近代の歩みを無視した言い方が出てきたということですかね。

北田　法哲学とかでも議論されていますが、「権利」と「義務」が対照概念であるかどうかは論争的な事柄です。ところが、この権利と義務を対照概念と捉えて、「権利がある以上は義務がある」なんてことを言い出す。普通の人はこの発想に言いくるめられてしまう。

たしかに近代憲法典以外の憲法のあり方だって考えられることは考えられるし、義務規定のようなものがある憲法もあります。ただし少なくとも、日本国憲法が倣った近代的な法制における憲法は、そういうものではない。

白井　さかのぼれば明治憲法下でも、当時のそれなり以上の水準でヨーロッパの憲法を学ぶことで、立憲主義政体に見えなくもないものをいちおうは作ったわけです。けれどもそのコントロールが効かなくなって、日本型ファシズムの暴走へと至った。

丸山眞男は、その理由を明治以降の日本人が中性国家の概念を理解できなかったためだと結論づけた。簡単に言えば、政教分離が分からない。国家というものは、人々の内面とか道徳に関わらない、関われないんだということが理解できないのでおかしなことになったと分析した。自民党の改憲草案は、その問題がまったくそのままの形でキャリーオーバーされている。

五野井　だから、宗教戦争から自由になった中性国家論的なもの、ウェストファリア体制的なものをきちんと身につけましょうよ、と提唱したのが戦後初期の丸山眞男だった。だけど、近年出てきた動きで空気感がわかるのは、宗教学者の島薗進さんが述べておられたのだけれど、戦後憲法は、いわば多くの人々にとっては、「頭の上を通り越していった風のようなもの」だったのではないかというご指摘です。つまり、実は一般の人々にとっては、自分たちが抱えている体制が日常生活の実感よりも上にあったものだったと。

白井 政党政治の世界で言えば、戦前よりも状況が悪い。戦前の二大政党は、立憲政友会に立憲民政党ですよ。立憲主義が大事だと、少なくとも政治家は理解していたわけです。

五野井 しかし、今は立憲主義理解が「自由」になっているという皮肉な状況ですね。

■日本会議の萌芽

北田 そのあたり、どの時期の政治家からおかしくなったんでしょう。つまり「憲法は作為だけど、不可欠な作為です」と、少なくとも岸信介は分かっていたでしょう。池田勇人や佐藤栄作が分かっていないはずがない。中曽根康弘も確信犯でしょう。どこから、この理解が怪しくなったのかしら。

白井 中曽根さんについては、買いかぶりすぎじゃないかと思うけど。

北田 うーん。しかし、立憲主義について安倍さんの本気で分かってなさざぶりは、画期的なレベルだと思う。その前だと、森喜朗さんはちょっと怪しいかな。

五野井　たしかに憲法をあからさまに否定したということでいえば、森喜朗さんが首相を辞めるきっかけにもなった神道政治連盟での「神の国発言」がありますよね。あれは観測気球だった気がする。当時は「まだここまで踏み込むのは難しい」という結論になったんでしょう。

白井　いや、あれはエピソード的なものにすぎないんじゃないですか。内閣支持率がどん底まで落ちていた時期だから大きく報じられて大問題になったけれど、支持率の高い内閣ならば、ほとんど問題にならないでしょう。

北田　彼はリップサービスの人だから、目の前に喜ぶ人がいると、ついついね。

五野井　ただ、それをマスコミが聞ける状況で言った。しかも神道政治連盟国会議員懇談会の30周年記念という、わりと節目の会での発言です。今は日本会議がマスコミでは前面に出てきているわけだけど、彼らに、自分たちの主張がどこまで公にできるのかを意識させる一つのきっかけにはなったと思う。

神なり宗教的なものへの指向性は、1995年のオウム事件をきっかけに、少なくともいったんは政治の場で忌避されるようになった。それをもう1回、自分達の側に引き寄せて、表に出していこうと。ところが小泉政権の頃になると、さっき話に出た「権利には義務が伴う」的な新自由主義が吹き荒れる。そこにはあまり宗教の入る余地はない。もちろん、靖国神社への首相の参拝はあったけれど、小泉さんは神云々とは言わないわけです。興味がないし。そこを振り切って、「やっぱり神ですよ！」とでもいわんばかりに追認するかのような振る舞いをする安倍さんが出てくる。それが２００６年。そして、いったんレースから下りた安倍さんが復活して、10年後の第二次安倍政権に至る。

今の改憲案で目指されている本丸は何か。もちろん、自民党は９条改憲、自主憲法制定の党。あるいは、前章でお話しした24条を変えるのも重視しているでしょう。その上で本当の本丸は何か？おそらくは明治国家の再来だと思います。つまり今、普通の宗教と横並びになっている神道を、他の宗教と一線を画した場所に置き、その下に世俗の宗教がある形にしたいのではないかと。そういう欲望が透けて見える。

白井　つまり、日本会議あたりは今の改憲へ向けた動きを明治レジームへの回帰だと思ってやっているわけですよね。

最近出た、樋口陽一さんと小林節さんの対談本でとても納得した一節があります。樋口さんが言うには、「これを明治への回帰だと思ったら明治の人達に失礼。明治憲法への回帰ではなく、慶安の御触書に戻ろうとしているのだ」と。明治レジームには、久野収が言った通り、密教と顕教の次元があった。エリート向けには「この国は近代的な立憲主義国家だ」と説明がつくようなシステムを作りつつ、大衆には教育勅語を通じてある種の神権国家、祭政一致体制を教え込み、道徳や内面にまで国家が土足で踏み込める状態にした。つまり、中性国家と神権国家の二重の原理で運営した国家だった。

北田　しかし今、改憲しようとしている人達は明治憲法よりもっと幼いものを想像しているわけですね。本当は、明治憲法ではなく、「五箇条の御誓文」みたいなものを出して、それで国を治めたい。

白井　そういうことですね。今も一方で国際社会に対しては、「われわれは自由主義と民主主義を奉じる国家でございます、先進国と価値観を共有してます、中国は違いますね」、と一生懸命言っている。他方、実はそんなものをまったく信じていないという実質がある。では、神権国家的な内実が今、民衆レベルにあるか。御真影を守るためなら火の中に飛び込んで死ねるような、ファナティックなナショナリズムがあるかといえば――。

五野井　今はまだないでしょうね。まあ、大正デモクラシーから治安維持法まで針が振り切れるまでは10年もかかっていないわけですが。

■「道徳」教科化の影響

北田　ところで今、道徳の教科書が世間で話題になっていますけれど、道徳の教科書は、家に持って帰れないらしいんです。学校に置いて、親が見られないようにしている。

白井　唖然としますね。

北田　ずいぶん恐ろしいことをしていると最近知りました。が、あんなものを誰が内面化するのかと。ネトウヨが飛びつくのは分かる。でも、ネトウヨは数でいえばとても少ない。もちろん、その少ない数でも、道に出てヘイトをやられたらたまったもんじゃないから、消えてもらわなければいけないけれど。ともあれ、あんな教科書で国民を教育できるという考えが、全然理解できない。

五野井　だけど、文科省は本気でやるつもりですよ。道徳は今回、教科化されることになりましたからね。

白井　テストもやるということですよね。

五野井　点数化もしないし、入試に影響はしない方向性であるとは言っています。それでも教員の中に違和感もある。けれども学級崩壊がひどいし、子どもが乱れていると。現場の教師レベルでも、道徳の教科化で何か化学変化を起こせるんじゃないかと本気で思っている人は少なくない。

北田　解決策だと思っているんだ。

五野井　教科化すれば、実質を伴ったものになると思いたいようです。道徳は、今まではホームルームとかと同じで、さほど本格的に取り組む必要のない授業だと思われてきたふしがあるので。

北田　つまり、学校の先生で、道徳なり倫理感なりを子どもに教育できると思っている人は少なくないわけですよね。それは、その先生が本当にいい人だからだと思うし、人格の可塑性を信じているからだと思うけれど。問題は、その人達が考えているような道徳に沿って、子どもたちが生きていけるのか、そもそもそういう道徳を身につけられるのか。「お母さんを大切にしよう」という話を一生懸命3時間聞かされても、思春期の子は、家に帰って突如、「お母さんを大事にしよう」とは思わないでしょう。

五野井　よしんば小学校ではそう教育できても、中学校で壊れますよね。思春期になった瞬間に。

北田　壊れますよね。だから例えば、女の子は女の子らしく、男の子は男の子らしくと教育したところで、これだけ情報が入り、行く場所もある状況では、まず効果というか実現可能性が謎。それと教育を過小評価してはいけないけれど、過大評価をしすぎるのはいかがなものか。こうした向きは教育者にいがちで、これは文科省や自民的なものと親和性がある。

白井　では、なぜ政治家が教育問題に首を突っ込むのかといえば、票になるからです。なぜ票になるか。有権者はほぼ全員が少なくとも中学は出ているし、かなりの人が大学まで出ている。だから、誰でも学校教育には一家言あると思いたがるわけです。

例えば日本の水産業の衰退をどうやって止めるかを政治家が一生懸命説明しても、それを理解して興味を持つ人は少ない。どんなにいいことを言っても票にならない。しかし、これが教育についてならば、どんなにいいかげんなことを言っても、もっともらしくさえあれば票になる。どこの国でもそうらしいですが、教育は政治家のオモチャにされがちなんです。

北田　家族や教育は、誰もが経験しますからね。親がいなくとも、親がいないという状況で子どもは育つ。教育は誰しもがある程度、経験する。だから皆、一家言持ってはいる。だからこそ、つまらない体験談に基づいた議論が説得力を持ってしまう。

五野井　正しいかどうかは別として、誰でも語れてしまうのですよね。

北田　教育がダメだったならダメだったで、自分なりの道徳が語れる。ただしお金にはならないから、お金がほしい議員は、あまり文教族にならないかもしれないけれど。教育学者が「とにかく教育はナメられている！　教育学がナメられている！」と怒ってましたよ。

白井　ナメられていると同時に、ものすごく過大評価もされている。「世の中が乱れている。何かがおかしいぞ」という感覚が広がると、その原因として、「そうだ、教育が悪い」となるわけです。

北田　あるいは、「教育で何とかしよう」とかね。

白井　われわれ、教育産業にいる者からすれば、「そんなこと言われても」でしょう。

　この前、文科省がいくつかの大学を叱っていましたよね。「大学の講義で英語のbe動詞や分数の割り算を教えている。もっと大学にふさわしいことを教えなさい」と。現場からすれば、「現にできない学生がいるのだから、仕方ない」という話ですよ。

五野井　文科省がこういうことを言うのは、一方で「それはふさわしくない」ということですが、もう一方では、自分達のまさに鏡像である子どもたちが、そんなにも情けないという現実を見たくないからというのもある。

白井　分数の割り算が大学教育にふさわしくないなんて百も承知ですよ。そんなものを大学で教えるのは苦痛だけど、ならば高校卒業段階で、ちゃんとした学力をつけさせておいてくれと言いたくなる。だけど、高校の先生も「われわれはちゃんとやっているがダメなんだ」と言うでしょう。じゃあ、中学が悪いのか。違う。では、小学校か。それも違う。ならば家庭教育がおかしいのか、となる。

五野井 だけど憲法改正をしないと家庭までは立ち入れないから、まず一番初めの公教育である小学校で、道徳を教科化するというような話になる。

■教育行政の失敗

白井 かつての明治期から昭和の敗戦に到るまでの国家主義は、一方で権威主義であり、最後はファシズムに到るわけですけれども、同時に教養主義的なものだったとも思う。古典もたくさん読んだろうし、和歌とか俳句を作れる人は、明らかに戦前の教育を受けた人のほうが多い。あるいは漢詩が読めたり。

北田 まあ、インテリではね。

白井 いや、ある程度までは、庶民レベルでも言える話だと思います。明らかに戦後、日本語のリテラシー、運用能力は一般的に低下しましたよ。しかも、すでに十二分に落ちていて崩落状態が止まらないのに、もっと英語を勉強させようとする。「我が国の伝統や文化を誇ろう」の何のと言いつつ、何も知らない、分からない、できない人間を、ますます大量に生産しようとしているわけですよね。教育を通してナショナリズムの再興を図っていると称しながら、実はから騒ぎ以外の何物でもない。

五野井　たしかに戦前の教育に、妙な教養主義はありました。神武以来の天皇の名前を全部覚えさせるとか、さっき白井さんが例に出した漢詩みたいに、いわゆる西洋型の教育に対抗するような面があった。「われわれはもともといいものを持っているんだ」と。

白井　それに、楠木正成の生き方であったり、乃木希典はどんな人だったかとか、国民全体が共有する物語もあった。では、戦後に何があるか。今の自称保守派自身にさえ、こうした国民国家的な教養があるとはとても思えない。

五野井　それを保守側も感じているからこそ、「国民の道徳」なんて変な教科書をつくったのでしょう。「われわれはスカスカだ。もう一回充填しないといけない」と。

白井　ところが、インスタントなものしかできない。

五野井　そうです。やはり、真空があったら充填しようということですね。ところが、「国民の道徳」しか出せなかった。

北田　教育というのは、本当は最後の手段というか、大した効果がないわけですよね。「ないわけですよね」と言い切ったら怒られるけれど。さっきの読み書きができない、算数のできない大学生の話も、義務教育のうちからどういうカリキュラムでどういう教え方をされているかという制度全体の問題なのに、文科省は「そんな大学教育をするやつが悪い」とさらりと言えてしまう。

この先生が悪い、あの先生が悪いではなく、制度の関数の問題であって、現在の教育行政の失敗ですよ。そこを見直そうと言っても理解されないし、大阪市みたいに「じゃあわかった、競争原理を入れよう」となったり。企業の論理を教育に使っても、民間出身校長が続々と辞めたりとか、どれだけ悲劇的なことになるのか、まだ分かってくれない。

五野井　大阪は、そのやってはいけない実験をやりましたしね。

北田　それで見事なまでに悲劇的な結果を出したわけです。

■「左折の改憲」の危険性

白井　話がやや教育問題に流れてしまったので、憲法の話に戻しましょう。

最近、「左折の改憲」みたいなことが言われ始めていますよね。東アジアの軍事的バランスが大きく変化しているのは確かであり、自衛隊が現実に存在する。日米安保もある。自衛隊の存在は、憲法を文字通り読めば違憲でしょう。だから、「この現状を放置していていいのか」と思う人は少なくない。それから、だいぶ前から表面化しているように思うのですが、このような9条をめぐる現状があるために、最高の法規範であるはずの憲法のステイタスが軽くなってしまっているのではないか。「違憲」とか「違憲状態」というものがすごく軽く受け止められるようになってしまった。「どうせ守られていないのだから」と。

しかし、憲法は必ずしも現実と一致している必要はない、努力目標だとの考え方もあると聞きます。お聞きしたいのですが、こちらの考えのほうが、法学的にはオーソドックスなのですか？

五野井 超オーソドックスですよ。「なぜ、たかだか現実に合わせて理想を引き下げなければならないのか」と。河北新報さんが拙稿を憲法記念日に合わせて掲載してくれた時につけてくれた見出しは、「改憲は『理想の引き下げ』」でした。極めてシンプルですよね。オールド・レフトとリベラルはこの立場でいいはずと思っていたのだけど、なぜか最近、リベラルの一部も、現状との不一致をことさらに強調して改憲論を持ち出してきた。

北田 「立憲主義を壊すな」だけを主張する場合、その主張をひっくり返せば、「改憲すれば安保法制も問題ない」になってしまうわけですよね。本来、立憲主義をどう考えるかと9条を守ることはセットだと私は思うんだけど。

五野井 まさにそこです。護憲と立憲主義擁護のずれを括弧にくっておくのは、今後もある程度は仕方ないでしょう。「反立憲主義」という敵を倒したあとでならば、争っても、つぶし合ってもいいと思う。でも、現状では、その前につぶし合いになるかもしれない状況がある。

残念ながら、リベラルにも論憲・創憲系の改憲論が多いわけですよ。1990年代、小沢一郎議員らが「普通の国」を言い出した。これは「右」にとっては当たり前の主張だけれど、それに今は

「左」やリベラルまで喰らいついてしまっている。

白井　自民の主導する改憲は、およそ問題の本質に触れていない。僕の考える問題の本質とは、矢部宏治さん（『日本はなぜ、「戦争ができる国」になったのか』集英社刊・著者）の指摘した「二重の法体系」という話です。つまり、日本国憲法にどんな立派なことが書いてあろうとも、それは究極的にはどうでもよくて、この国の真の法は、日米間の公然の、あるいは密約的な取り決めである。この状態を解消しないかぎり、いくら「押しつけ憲法」打破をやったところで、何の意味もない、ということです。

にもかかわらず、困ったことには、「日本全体がうまくいっていないから、とにかく憲法を変えるんだ」は、ある種の大衆感情に首尾よく訴えてしまっている。

北田　何らかの閉塞感はあるから、「変える」と見えるほうが人気なのは、致し方ない。

五野井　しかし、50年代からの改憲運動も、60年代以降に石原慎太郎が強く主張しだした押しつけ憲法論にしても、現実に護憲派が押し返してきた。丸山眞男は60年代半ばの時点で、すでに開き直って「僕は戦後憲法を守るという意味で保守なんだ」と言ってのけた。そういう、憲法を守ることをポジティブに語れる言い方が再び力を持つ方向に、可能性を拓きたいのだけど。

白井　とにかく、今の政権、与党には絶対に改憲させてはならない。なんせ、立憲主義というか、近代法を理解できない人たちなのですから。彼らを一掃したあとで、本当に「さて、憲法をどうしましょうか？」という話ができるのであって、今は改憲を議論できる状況にすらない。

北田　内閣法制局が代々「自衛隊は合憲」って言ってきたんだからそれでいい、わざわざ現実と齟齬があるなんて言う必要はない、その体でいかないと、9条をもってしてもあそこまでの軍事組織を作ってしまう人たちに歯止めはかけられない。だからこそ、絶対に9条は守るべき。

安倍内閣の何がまずいかって、とにかく立憲主義を無視することですよね。でも、「立憲主義が守られれば改憲したほうがいい」となし崩し的に左側から改憲ムードが高まるのも、本当に怖い。

■改憲は理想の引き下げ

白井　でも、憲法改悪運動の政治過程がより煮詰まれば、左側の改憲の人は護憲に戻ってくるのでは？

五野井　いやいや、機会主義的な人は多いと思いますよ。漠然と、何でもいいから「何かを変えたい」という欲望が左派にも見え隠れしている。右派の作った土俵に上がらないと勝負にならないと思い込んでいるかわいそうな人たちもいる。相手の土俵に乗っかるのではなく、そもそも土俵自体を崩せばいいのにね。

憲法の内容が現実と乖離している事例なんていくらでもあるわけです。例えば尊属殺重罰規定は、最高裁で違憲判決がでても22年間そのままだったでしょう。自衛隊が存在することはきちんと認識しつつ、かつ「将来は解体されるべき」であると、いわば未来に投企する。この長期的な発想を再び通用させなければいけない。将来的には世界平和を求めよう、その暁にはすべての武力は放棄されるのだ、といった人類の理想を復活させられるか否かが問われています。

でも、考えてみれば、どの学問でも、政治でもいかに理念を実現していくのかが普通の考え方。なぜ、低きにある現実に合わせて理想のほうを引き下げねばならないのか。憲法に書かれている理想が現実と合わず「違憲状態」だから「解消」しようというけど、「解消」が現実を理想に引き上げるのではなくて、理想を現実に引き下げようとするのは、明らかにおかしい。

北田　「違憲状態の解消に向けて努力しましょう」がずっと続いていると理解するのが大事。やはり憲法は9条が本丸だと思うんですよ。だから、共産党は意見を変える必要なんてない。左派の中でも、亜インテリっていうのかな、その、改憲論に付き合わないといけないって意識は無視したほうがいい。改憲論とかはどうせ民進党とかがだらだらやるんだから。

五野井　論憲・創憲派は、「現行憲法には、環境権とかプライバシー権とか新しい人権が含まれていない」というけれど、そんなもの、判例主義でわが国は対応できていた。もっといえば、憲法25条なんてずっと守られていないでしょう。「健康で文化的な最低限度の生活」を営めない人は残念ながら着実に増えていて、生活保護受給者の数は50年代の水準に戻ってきている。現実に合っていないのは、9条だけじゃない。

われわれの生活から憲法について考えないといけないのに、恣意的に9条だけを取り出して「現実に合っていない」という主張はおかしい。本来ならば合っていないところ全部を問題にして、現実を憲法に合わせていくべきですよ。それこそ、自衛隊も現状では存在していても、争いのない世界を志向し、「遠い将来は解体される」との理想は忘れてはいけないし、われわれ人類は世界平和のためにそうすべく努力しなければいけない。人類の理想がまだ実現していないことの「きまりの悪さ」を受け止める必要がある。

さらにいえば、9条では飯は食えないが、25条では飯が食える。米騒動からずっと、民衆運動の突破口は、「食べること」と「生きること」です。2015年10月に、先に触れたエキタスという団体ができて、最低賃金1500円を主張しだした。自治労の雑誌にも取り上げられるなど、旧来の運動団体にも注目されています。これはちょっと新しい動きです。

だいたい、3・11から5年以上も経っているのに仮設住宅に住んでいる人がいるなんて、まさに25条が守られていない典型例。なのに、そういう状況を改善しようとせず、9条を先に変えるなんて、国民を愚弄しているとしか言いようがない。こういう正論をちゃんと言わないといけないんだ。これだけ生活保護受給者が多く、非正規労働者が増えている。ならば、その部分で憲法が守られていないことを論じないといけない。端的に「改憲は理想の引き下げ」なのだから、そんないいかげんなことは絶対に許してはいけない。

■豊かさをどう維持するか

北田　リベラル懇話会は、まさにその話をやりたいと考えたんですよ。生存権、社会権の実効化。リベラルなり左派の基本的な理想は、「食える社会、安心できる社会の提供に国家が責任を持つ」ということのはず。幸いなことに日本国憲法にも同じことを書いてある。この面での国家の違憲状態を、立憲主義や9条の問題と同時平行で突くべきなんです。

それと、共産党にも豊かになる社会像を出してほしいなと。「軍事費を福祉に回せば云々」ではなく。経済政策は、「ここ削ってこちちに回せば……」という話じゃないでしょう。現状のままではみんな貧しくなるのは明らかです。あの程度の軍事費を再配分したところで、その後の成長のシナリオがないと大した効果はない。単なるバラマキになってしまう。

豊かさをどう維持するかという視点を、左派は失ってはいけない。豊かになる思想が本来の社会主義ですよ。護憲だけでなく、そのビジョンも同時に取り戻すことが必要でしょう。最近の非正規労働者の増加の原因は、退職者の非常勤雇用などが増えた面が大きい。若年層の雇用状況はよくなっているんです。政権批判するときも脇を締めて、本当の弱点を見ていくのが大事で、左派も、アベノミクスのおいしいところは否定しなくていい。これが失敗しつつあるのは確かだから。というか、今、失敗してくれては困るんだけど。

とにかく、民進党だけでなく共産党にも豊かになるビジョンを示してほしい。共産党は、貧困とか最低賃金とか、不幸を減らす方向の話では敏感に動いてくれるし、そこはすごくいいんですよ。でも、「マルクス主義の本義」とは何か？　「朝には狩りをし、午後には魚をとり、夕方には家畜を飼」って、いい感じに生きていこうよ的な、マルクスが「空想」したようなものでしょ。それを「苦しくても我慢しろ」とか、清貧みたいなことを言われるとつらい。

そもそも、法なんてブルジョワジーが作った上部構造なんだから、「立憲主義を守れ！」とか、昔のマルクス主義者が聞いたら「何、言ってんだこいつら」って話でしょ。

白井　立憲主義の破壊に対する批判だけではダメだというのは、その通りだと思います。でも、いわゆる成熟した国で経済成長は無理でしょ。中国ですらGDPの伸びが鈍化しているわけで。

北田　ただ、イギリスやスペインで豊かさを掲げる左派が伸びてる。

五野井　そういう勢力が出てきているのは象徴的ですよ。

北田　ああいうのこそ、新しい左翼じゃなくて本物の左翼なんだと思います。

白井　GDPなどの数値が多少伸びても、大多数の暮らしは悪くなる一方って、小泉政権の頃にみんな分かったわけです。だから、豊かさの内容を変える必要がある。数字ではない、実感としていい生活ができるようにしないといけないと。

北田　幸福度に絡む数値はいろいろあるし、就労形態とかも含めての話なので、もちろん単純なものではないんだけれども。

とにかく、民主党はせっかく政権を取ったのに、小泉路線を継続してさらに状況を悪化させた。本当に、「どうしてくれよう」という話で。その点、私は民主党に非常に強く憤ってきた。自民党に抗する適正な成長と再配分を考えるという本義を忘れて、朝鮮高級学校の無償化外しとか、右派ポピュリズムに走って大失敗した。ほんと、この程度のお灸でよくすんだなと思います。

だから、今の民進党にも勝ってほしいというより、責任を取ってほしいんですよ。なぜリベラルを謳いながら、ヘイトクライムに与したり、緊縮財政の負の効果を甘く見すぎたのか。適正な成長と再配分について本気で考えたことがあるか。きっとないでしょう。高校無償化はよかったけど、人的投資の循環をちゃんと構想できていたのか。そんなのだから、安倍政権に対してもロクな経済政策が提案できない。足場が固まっていないから、安保政策でも何も言えない。

■野党共闘の注意点

五野井　国民がちゃんと手綱を締め直さないといけない。民進党の議員でも、ある程度は相場観が読めるから、右左どちらについたほうが得かを考えているように見える局面がある。他方で、有田芳生さんのように、身を危険にさらしながらも一貫した行動で信用できる人もいる。有田さんは実際に体を張っているから、その覚悟が分かりやすい。そういう人が、同じ党内に対してある程度の説得もできるし、議員間でいい意味でのしがらみも作れる。

少なくとも、彼らが北田さんの話を聞いたり、白井さんの本をお世辞でも読んだと言ってくれることが大事なのです。

北田　話を聞いてくれるし、ネットで学者の著書を検索するとか、10年前では考えられなかったよね。

五野井　自民党にも森喜朗さんみたいな気配りの人はいたけど、民進党はもう少し「実質的」な目配りのある人たちですよ。そこは市民の側が大切にしていかないと。

北田　あと、民進党には、共産党をフリーにしてほしい。やはり、共産党が下手にポピュリズムに走ったら根本的に不安を持つ人は少なくない。有権者から「この党に投票しておけば確実に護憲なんだ」という安心感を奪ってはいけないんだ。ヘンに民進党と駆け引きでもして、「9条2項は削除しましょうか」なんて話になったら、共産党は本当に終わるから。

民進党は個別具体には政策政党だから、霞ヶ関の官僚にだまされない個別の知識も、自民党よりはある。なんだけど、その知識を統括する理念も思想もない。だから、共産党が「理念がないならウチと組めよ」と言いたくなる気持ちは分かるんだけど。

五野井　慰安婦問題の日韓合意についても、当時の民主党からあまり声が上がらなかったですよね。

白井　共産党まで評価しちゃったでしょ。社民党も。これは過ちですよ。

北田　恨み節を言えば、社民党ももっと議席があったときに……。

五野井　まあまあ。覆水盆に返らずです。

北田　民主党が下手に声明を出さなかったのは様子見なのかな、と。ここでもむしろ、問題は共産党ですよ。志位和夫委員長があの日韓合意を評価したのには、ちょっとびっくりで。「いくらなんでも、ここまですり寄らないでも……」と。

五野井　すり寄っているというよりは……。

北田　それは言わない約束（苦笑）。

五野井　どの政治家であれ、弁は立つけど人間味がないという誤解をされないようにしないといけない。

北田　あの合意についての志位さんのコメントを見た瞬間、「こりゃ本気で危険だ。この人は共産党をポピュリストパーティーにして潰してしまうんじゃないか」と思った。ヘンな意味での危機感。新左翼的な左からの「日共許すまじ」ではない危機感を持っちゃった。

とにかく、国民連合政府とか野党共闘を主張する時は、「共産党は絶対に護憲です」って宣言すべきですよ。民進党は「立憲主義を守れ」までは言えても、護憲に踏み込んだら党が割れるんだし。

白井　反安保法制反対の運動があって、それが今、野党共闘をあと押ししようという運動になってきている。これは大いなる発展なんだけど、運動が広がるほど内部に見解の相違や軋轢が生まれる機会も増える。そういう中で政治家や運動家のタイプみたいなものが見えてくるわけですが、結局、信用できるかできないかの基準は、小異を捨てて大同につけるかどうかなんだなと。とにかく安倍政権の暴走を止めないといけないわけで。そのためには頭数を揃えないといけない。デモは、数だけがとりえだから。

五野井　そうそう。反対の声を数で可視化しないと、見えない人には本当に民意は見えていないので。

白井　そのときに、古くからの内部の「5」を切って、新しい外部の「10」を取ろうと発想するか、やはり「5」を守るほうがいいか。そこに政治があるんだなと思う。

北田　私は共産党はブレないほうが、連立とかできると思う。

白井　もちろん、「5」を切って「10」取ると、無原則に陥る危険性もある。その究極の反面教師が橋下徹さんでしょう。変わりながら筋を通す。これはレーニンから学んだことでもありますが。

■学者たちの動き

北田　リベラル懇話会では、野党共闘がしやすいように、いわば党の役割分担を明確にしてほしいという思いがあって、まず、民主党にリベラル政党としてのアイデンティティをはっきりさせられる政策を提案しようと考えたんです。単に自民の全否定ではなく、成長と再配分をポジティブな方向にとらえて、そこから反差別のような社会的課題もプラスに動かすような積み重ねができるんじゃないかと。

と同時に、リベラル懇話会で直接触れたわけではないけど、共産党には、100歩譲って、過去のいきさつは一瞬忘れるから、ちゃんと9条のステークホルダーになってね、という思いがあります。民主に安全保障なんかで譲る必要はないし、そのほうが連立組むときもお互いに楽だし、有権者も投票が楽だと。

で、考えてみれば、私みたいな44歳のオッサンでも、大学では若手で、そういう人間の声を、民主党の党首が何回も聞く場ができたというのは、SEALDsとかの昨年夏のデモの効果なんですよね。あの動きがあったからこそ、野党がいろんな市民の声に耳を傾けなければならない雰囲気ができた。

白井　リベラル懇話会は、旧民主党に対してもっと高圧的にふるまってもよかったんじゃないかと思うんですよ。

五野井　いわば、政治体を担うわれわれによる構成的な力としてね。この間の安保法制反対などで動いた一番大きい学者の組織は、「学者の会」（安全保障関連法に反対する学者の会）だけど、あれは規模が大きいゆえにトップダウンで物事が決まるし、小回りが利かない。そこで、若手・中堅で集まって、運動と政策を橋渡しするべくリベラル懇話会ができたのは、健全な動きだった。

でも、残念なのは、学者の会や市民連合などの一部に、「何でこんな懇話会を作るんだ」という雰囲気があったことです。「学者の会を割った」とすら思い込まれた。中間団体として政策集団がたくさんできることは多元性の担保という観点からも、もちろんいいことなのに。

北田　あの頼りにならない、右派もいる民主党に照準した、ということで運動体から反発もありましたね。ただ、民主党に存在感を持ってもらうことの意義は共有したかった。

ちなみに「立憲デモクラシーの会」はどんな状況なんですか？

白井　会に名前は出しているんですが、活動拠点が東京なので、僕の住む京都との物理的な距離もあり、組織の動きには何もタッチしていません。

五野井　立憲デモクラシーの会は、1950年代にサンフランシスコ講和の際に（社会主義圏を含めた）全面講和を主張した知識人運動や、その後の市民大学、そして55年体制下での平和運動同様に知識人の役割を意識して結成されていますね。

特に党派性もないのだけど、よくも悪くも主知主義的です。学者の会も立憲デモクラシーの会も、顕教としていかに市民にアピールできるかがこの局面では重要。その意味では2015年の6月以降、憲法学者の方々がテレビや新聞等でしっかりと方向性を示したのは画期的だった。

たとえ学者の集まりではあっても、いわゆる学会ではない。なのに、「そうじゃないからね」と言えてしまう傲慢さが、学者の会や立憲デモクラシーの会には、ちょっと見受けられます。つまり、改憲派は左派の側を含めて新しい人と流れがいっぱいあるのに、護憲側はぜんぜんOSがアップデートされていなくて、そもそもOSがデモクラシーではないという。これじゃあ、少数派にならざるをえない……。

北田　そんな中、五野井さんが今後どう動かれるのかは気になります。この間の反安保法制をはじめとした動きの中で、キーパーソンでしょ。

五野井　いやいや、キーパーソンは市民連絡会（許すな！憲法改悪・市民連絡会）を立ち上げた高田健さん（九条の会事務局など）ですよ。彼が持っている力はすごい。

高田さんは、イラク反戦頃からピースパレードとか、さまざまな運動をより開かれたものにしようと奮闘してきた。古い左翼に「あんなちゃらちゃらしたデモなんか意味がない」とか叩かれても耐えて、耐えて、今回の大きな動きを開花させた。彼みたいな人が、もっと評価されないといけない。立憲デモクラシーの会のような古いタイプの運動も、ようやくその影響を受けつつある。去年10月になって、ようやく、教育会館でやるつもりだったシンポジウムを急遽路上でやった。だから高田さんという希有な才能をもったアクティヴィストを評価しないと。

学者だと憲法学者の長谷部恭男さん、石川健治さん、木村草太さんらが、安保法が違憲だと示したのは社会を変えるきっかけとなりました。政治学者の岡野八代さんの『戦争に抗する』（岩波書店刊）は15年安保に正面から向き合った本でした。デモでの力のこもった街頭演説なども、行動する学者の鑑でしょう。

政治学者の三浦まりさんや中野晃一さん、社会学者の小熊英二さんや作家の高橋源一郎さんも、世論を作りましたよね。

私自身のこの数年の分析を振り返ると、市民的な力の復活については強調されているものの、2011年の脱原発以降の動きや15年安保では、短期間のデモだけで勝てるという論調はとっていない。それは、デモのような参加民主主義と議会制民主主義は車の両輪だから。院外の参加民主主義が院内である議会と十全に接続されないかぎり、あるいは別の政治の体制になってしまうけど、可能性としては議会外に新たな別の議会を作らないかぎり、参加民主主義という片方だけでは限界がある。

■永続敗戦レジームの終わらせ方

北田　五野井さんは、それ言っちゃいけない立場でしょう。

五野井　いや、「将来的にはわれわれは勝つ」と、特に若い人々は考えているのではないでしょうか。たしかに今の実数では勝てないけれど、でもその上で、今後は勝つつもりでいる。

問題は、どこに「勝ち」を定めるか。若い人たちの発想で考えてみれば、われわれこの座談にいる3名は、安倍さんより年下ですよ。当然のことながら、彼のほうが先に亡くなるでしょう。この一点から見ても、勝ちは明らかです。

でも、その「勝利」をもっと手前にたぐり寄せたい。そのために何ができるのか。ひとつ見えている可能性を広げてみましょう。まず、現状をみると議会内で多数派を形成して勝つのはまだ厳しい。けれども議会の外の雰囲気を変えてしまえば、議会の決定を緩和したり、遅らせたり、場合によっては無効化することもできますね。もちろん、立憲主義の国だから決まったことは守らないといけない。だけど、そもそも決め方が形骸化した民主主義であったり、決められたことが不正義で法の正当性要求に耐え得ないのであれば、そこでは市民らが参加民主主義によって異議を唱え、より民主主義の原則にかなったまともな方向へと変えてゆく余地がある。つまり、議会の外側にある社会の文化から変えていけるのではないかと。

15年安保の流れから、いわば文化的な革命が起きつつある。でも、これは遅効性ですよ。フランスの5月革命だって勝てなかったけれど、「68年」から13年後に社共連立のミッテラン政権ができた。これは白井さんのほうが詳しい。

白井　大局的に言えば、僕の定式化した「永続敗戦レジーム」をどうするのかという話です。遅かれ早かれ、このレジームは保たなくなる。何とかソフトランディングできるのか、あるいは戦争やハイパーインフレのようなハードランディングで終わるのか。できれば破局的事態を避けて、ソフトランディングさせたい。それに実は、内側から革命を起こすのは、むしろソフトランディングなんです。というか、革命がソフトランディングの唯一の手段。そのためのささやかな一歩が踏み出せたのかもしれないのが、去年の動きだった。

東京オリンピックの開催が危ぶまれてきましたが、これははっきり言って、めでたい。開催不能ということになると、いよいよ国民の大多数が持っている空虚なナショナル・プライドが傷つけられるでしょう。もう内実はスカスカになった、「美しい国」ならぬ「恥ずかしい国」なのに、それを直視できないから変われないできた。だから、オリンピックの中止は、気づきのきっかけになりうる。カタストロフがないと変われないというのなら、オリンピックが中止になる程度のカタストロフだったら、これはもう御の字ですよ。

五野井　与党側もあわてて急ごしらえでSEALDsに似た雰囲気の学生や若者たちを登場させたりしたことなどが典型例ですが、今、文化的なヘゲモニーという点ではリベラルの側は完全に勝っているのであって、別に負けているわけではない。もちろん、現状の選挙戦略で負けている部分はあるけれども、イメージの次元の争いをていねいに選挙での1票に繋げられれば将来的には勝つ。

では、議会政治でも勝つために、議会をとりまく文化をどう変えていけるか。そこをひたすら追求していく必要がある。

北田　議会外の文化を変えることは、議会内外の関係を変えることにも繋がりますね。確実に効果が出てきています。これまで、社会学業界では、霞ケ関の官僚に呼ばれることはあっても、永田町の政治家に呼ばれることはまずなかった。でも、そういうことがようやく起きてきた。7月の参院選の結果がどうであれ、長期的には勝てる体制をつくっていかないと。

だからこそ、改憲の話も立憲主義と同時に日本の憲法をどう考えるかとか、経済とかとセットで論じたほうが長期的にはいい。今は好機なんですよ。危機であると同時に好機であり、そして始まりなんだと思う。

■ドブ板選挙のリアル

北田 ちょっとバカな質問ですが、現在の日本の選挙のやり方では、どうやってもドブ板戦術が勝ちますよね？

白井 小渕優子の後援会が観劇バスツアーをやってたなんて話がありましたが、ドブ板的なものは有権者のタカリ精神に結びつく傾向が強いですよね。

五野井 「そういう権力のおこぼれはもらいません」と言う人があまりいない。

白井 そんなこと言ったら、変わり者扱いされて孤立する。

北田 地方は、程度の差こそあれ、どこでもわりとそうでしょう。でも、それをただ否定しても仕方ない。民主主義とは、そういうものであって。

白井 そうかもしれないけれど、正論を吐く人間を白眼視して黙らせ、強い者にはおもねるという下品な政治文化は、その下品さの責任を取らされるわけでしょう。今、福島で起きていることがまさにそれだと思う。こういう文化こそが、「原発を抱擁する」というある種倒錯したスタンスを生み出したわけだし、あのような事故が起こった後の最大限合理的な対応を不可能にしている。
今回はたまたま福島という場所が劇的に犠牲化される場所になったけれど、潜在的にはどこだって同じでしょう。TPPなんかの場合、農村部は、自らが選んだ政治権力によって緩慢に殺されようとしているわけです。

北田　その通りだと思う。

五野井　ただし、戦後第1回の衆議院選挙の時は、例外的に女性が多く当選しました。それ以降だんだん減っていく。そして、90年代後半に小選挙区比例代表並立制になると、選挙制度という構造に適合的な戦略を政治的資源のある男性候補者たちがとれていないことも手伝って、またぐっと上がる。選挙制度が変われば今まで当選しなかった人たちが政治の世界にいったんはドッと入ってくるわけです。ある程度時間が経つとまた、過去の社会の構造に適合的にならされる。でも、変化の瞬間はあるのです。

白井　うん、それは分かるんだけどね。とはいえ、現状を見るに、安倍さんに気に入られている自民党の女性たちは、明らかに、女性の視点や立場に立たず、「オッサン以上にオッサンやろ！」という、どうしようもない人たちばかりじゃないですか。ああいう人が増えても、むしろ害が増えるだけだと思いますが。

北田　話が混乱してきたけれど、私はアロケーション（議席などの配分）はそんなに悪いと思わない。

憲法上、法律上の規制は注意深くやらなければいけないけれど、やはり、稲田朋美さんですら、いるだけで意思決定が変わると思うんです。大学でも、そう思いませんか？　電車に乗るときに「痴漢に遭うかも」と思う人と、わたしたち男性マジョリティみたいにそんな心配を一度もしたことがない人がいる。前者が増えれば、やはり視点は変わりますよ。「女性ならではの視点」などと言わなくても、どうしてもマイノリティとしての視点を1日に何回も体験している人たちだから。曽野綾子さんや稲田朋美さんみたいな人もいるけれど、それはそうとして、ある程度のアロケーションはいい。

それはさておき、ドブ板の話を聞きたいんですよ。ドブ板をどう捉えればいいかわからない。民進党は典型的にドブ板ができない人たちですよね。共産党はドブ板感がない。

五野井　そもそも、ドブ板をやったことがない人も多そうですね。

北田　共産党が地域の人たちと手を繋いで云々を、どこまでできるか。公明党は自動的にできていますが。

五野井　彼らは、ウルトラドブ板ですよ。

北田　手を握る政党と握らない政党で、与党と野党が分かれている。

五野井　そこでまず、近頃、野党の皆さんに申し上げているのは「皆さん、手を握りましょう」です。今の政治風土では、手を握った者が勝つ。手を握り、辻説法をやり、誤解を恐れずいえば、田中角栄のように田んぼに入って「こんにちは」と頭を下げたほうが勝つ。「頭は下げません」と言えば負けです。そこはリアリスティックにやらなきゃいけない。

北田　小沢一郎的なものに戻らねばならない、と。

五野井　「これっておかしいですよね」と言いながらやって、少しずつ変えるしかない。「日本には、昔ながらの悪弊が残っていますね、ドブ板ですね」と嘆いただけでは仕方ない。勝ってから、いや勝ちながら言うしかない。

白井　ドブ板それ自体は、べつに悪いものではないわけです。できるだけ多くの有権者に会おうと努力するということですから、そこから得られる知見もあることでしょう。ただ、問題は、それがしばしば非常に低レベルの腐敗と結びついてきたことですよね。小渕優子みたいに、議員の誰それは、観劇に連れて行ってくれたとか、手ぬぐいをくれたとか、本当にケチな賄賂です。

腐敗したドブ板の究極は、徳田虎雄（徳洲会理事長）さんでしたね。徳田さんは「医療を変えたい。国会議員になるしかない」に始まり、「こんなしょうもないことをしないと国会議員にはなれない。だが、それをやるのが一番合理的な道だ」と、バンバン金を使いまくった。志の高さと手段の低さが、劇的なコントラストをなしています。

■有権者の合理性

北田　野党というか旧民主党とか社民党、その前でいえば社会党は、ドブ板ができない人たちだから。

白井　でも、社会党の労組系なんかは、人間関係に基づくものという意味ではドブ板的ではないでしょうか。
五野井　たしかに地方ではドブ板でやっていたし、今でもやっているためある程度効果は出ていますよね。けど、プロの党内官僚が少ないため国政レベルでは弱い。
白井　京都の共産党も、民商（民主商工会）が強いですから、草の根的な動員をやっているように見えます。
北田　そうも言えますけれど、ただ、勝つために手に入れなければいけないのは、浮動票ですよね。どこに入れるかわからない都市中産階級を味方につけないと、少なくとも勝てはしない。
五野井　それに加えて、地方にそろそろ本格的に手を伸ばさないのか。
北田　福島なんかでは、民進党は強いんですよね。
五野井　北海道でも、２０１６年４月の衆議院北海道５区補欠選で民進党・共産党など野党４党が推薦した無所属新人の池田真紀候補が、かなりの程度肉薄しました。
　北田さんがおっしゃるように、浮動票をどう取るかが第一だけど、与党がやっているようなことを野党も嫌がらずやらないと、当然負ける。
北田　だから、僕は、二つ言ってるんですよね。一つは都市の中間層を掴むには、社会制度改革の一貫した合理的なプログラムを出さないといけない。「皆さんは、もうちょっと豊かに、幸福になれますよ」というプログラムですね。

もう一つは田舎の人たちに向けて何をやっていくか。待機児童なんて全然問題じゃない人たちにやるべきことは、手を握ること。

五野井　それが誠実さとされているんだから。

北田　そう。だけど、私が怖いのは、白井さん的に話をすると、手を握られて喜んでるおっさん、おばさんとか、単なるバカということになる。でも、彼・彼女たちなりの合理性があると思うんですよ。

白井　ないですよ、もう。さっき「タカリだよね」と言いましたけど、以前ならば、タカって利益誘導してもらうのとバーターで投票して、政治家と有権者がwin-winでやってきたわけですよね。ところが、もう国にはお金がなくて、「バラ撒くお金はなくなりました。握手してあげるだけです」となったのに、有権者の側は気づいてないわけでしょう?

北田　気づいてないのかな。

五野井　でも、握手だって、してもらえれば嬉しい人は嬉しいようですよ。

白井　握手してもらって腹は膨れるのかという問題です。例えば、TPPで農村部をあれだけ裏切ったにも関わらず、自民党は田舎の選挙で勝てるという、とてつもなさがある。僕は北海道新聞のコラムで「いつまで騙され続けるのか?」と書いたんですけど、それだけ騙されても気づかないのは、やはりマヌケですよね。

北田　いや、やはり「騙されてる」とは思えない。有権者にはそれなりの合理性がある。自民党がJAを少々敵に回しても農村部で勝てるのは、要するに与党だからですよね。だって、野党に投票したら私たちに何かくれるんですか、と。

白井　民主党政権は農家の所得補償政策を導入したじゃないですか。

北田　そんな小さなエサではなく、もっと構造的に私たちの未来をどう考えてくれるのか。まだ、自民党に投票しておけば、ちょっとしたマイナスで済むはずだと思われている。なので、今、進行しているのは、「ちょっとしたマイナス」なんかではないということを訴えなければなりません。

五野井　他方、白井さんがずっと主張しておられるとおり、「騙されてるよ」もちゃんと言わなければならない。

北田　それはもちろん。

五野井　憲法9条についても同じことが言えます。「9条平和主義」があるゆえに日本は抑止力がなくなっている、あるいはそもそも「9条平和主義は時代遅れだ」といった議論がありますよね。ああいう議論はやはりまやかしだと、ちゃんと言っていくしかない。

安保法制でも、武器輸出三原則など様々な原則を変える際も、「今の憲法は制度疲労を起こしています。現実に合っていません。ならば現実に合わせましょう」という議論が繰り返されてきた。これに対して、先に示したとおり、「理想を現実に合わせる必要はないんだ」と言い返す。

白井 その一方で、憲法は時代遅れだと言う彼らのほうも、絶対に変えない考え方があって、それは「アメリカに追随すること」なんですよ。だからそっちのほうが時代遅れじゃないかということも、しっかりと言う必要がある。

■外交問題のカード

五野井 また近年、中国脅威論がまことしやかに語られていますが、南沙諸島だけの話で言えば、そもそもあの島を日本の国益と直接的に結びつけるのはややナンセンス。もちろん、大日本帝国時に領有していた地域ではあるけれども。

それ以上に、朝鮮半島情勢との絡みでいえば、日本がアメリカとより仲良くなる、日米同盟の絆が強くなるとは、単純に北朝鮮が敵視している国との絆が強まるということですね。でも、より狙われやすくなるという議論が出てこない。

北田 北を本当に脅威だと思うならば、中国ともっと仲良くしないと。

五野井 むしろそうです。本当にリアリズムを貫徹するつもりならば、北朝鮮の首根っこを掴んでる中国との仲の良さをさらに公言すればよい。もちろん、経済的にはずっと良好な関係だし、2006年の段階ですでに安倍総理は中国との戦略的互恵関係を謳ったわけです。この10年間で中国経済が日本を追い抜いたせいか、政治家たちのプライドが許さないのか、もはやあまり言わなくなったけれど。でも、そうした考え方を復活させる必要がある。

現実主義の旗を立てている人々の群れにかぎって外交にチャイナスクールが少ないのは、それこそ世界の現実を拒否しているようなもの。外交ではハシゴを外されたときなど不測の事態を予測して、つねにさまざまなカードは持っておかなければいけない。これは好き嫌いという好みの次元の問題ではない。

北朝鮮脅威論について言えば、まず北朝鮮にとっての一番の敵国は韓国ですね。その韓国の同盟国はアメリカ。だからやはりアメリカとの絆はどうなのか、という話になる。もちろん、日本にとって北朝鮮は本来的には脅威ではないから安心して絆を深められるわけですけれども。

さらに、日本海という表現一つとっても、捉え返すと分かることがある。「テポドンが日本海に落下しました」などと言いますが、べつに彼らは日本海だと思って撃っていない。どこの国の領海でもない近くの海に撃っているだけで。

日本では、日本海がまるで、すべて日本の領海だと思われがちですが、日本の領海は日本海の内、大陸棚のほんの少しにすぎません。残り半分は日本の排他的経済水域で、もう半分は韓国と北朝鮮と中国の排他的経済水域です。そこに落ちたにすぎないものを、日本海という言葉だけで、何となく日本が攻撃されているかのように勘違いしてしまう。これはナンセンスですよ。

北田　本来的には、中国とアメリカとの間でうまい具合に立ち回るのが一番現実的でしょう。

五野井　かつての琉球だった沖縄、あるいは対馬が日本と中国への両属関係だったように、日本もアメリカと中国との間で、仲介役を占めていく。そうしていけば、アメリカに振り向いてほしいとか、『金色夜叉』の貫一・お宮的な関係を継続する必要もない。むしろアメリカは振り向かざるをえないし、中国も振り向かざるをえない。どっちからも追われる側になっていくべき。やはり、追う側にばかり回っていたらダメですよ。

北田　なのに、今の保守系オッサンたちは、中国にまた勝ちたいんだよね。それは無理。

五野井　そもそもまず、人口で勝てない。経済でも今のところもはや勝てない。軍事的にも兵力だけで10倍以上の差がついているのでもちろん無理。去年、中国が「軍縮します」と言って軍縮した人員数が、ちょうど自衛隊の総隊員数と同規模でした。これは日本に、「われわれはあなた方の軍隊丸ごとと同程度の軍縮をしても問題ないんですよ」と言ったも同然ですよ。

白井　あれは軍縮というより軍隊の近代化でしょうけれど。

五野井　近代化でいらないものを捨てて、方便として日本に対しては、「軍縮ですよ、あなた方の国もどうですか」と言ってのける。しかも、これは安保法制が成立する前の話ですから、やはりあの法制は抑止になっていない。

■在日米軍のモチベーション

白井　日本の保守層が対中脅威論をこんなにもやかましく叫ぶ動機はただ一つで、要するに対米従属レジームを維持する合理性がなくなっているわけです。合理性がないレジームを無理矢理続けるために使われている方便ですよ。だからこそ、非常に危険です。

中国脅威論を煽る連中も、「じゃあ日中決戦でもやりますか?」と聞かれれば、現実的にできやしないと分かっている。分かっているけれど、自分たちがおいしいおまんまを食えるレジームの維持のため、対中脅威論を煽らざるをえない。このまま煽り続けると、あとに退けなくなる。戦前の日本が対英米戦争に突入した構図を反復するわけです。

トランプさんが出てきて面白いことになってきましたよね。トランプが「(在日米軍に)ずっと居てほしけりゃもっと金を払え」と。トランプが大統領になってもさすがにこれは言わないかもしれない。でも、いずれ遠からず、アメリカの大統領は本気で同じことを言い出すでしょう。

北田　実際、アメリカはずっと、日本がもっと負担しろとギャンギャン言ってるわけですよ。日本を守るモチベーションも、どんどん下がっている。とはいえ、朝鮮半島と中国があるかぎりはどう考えても東アジアから退けない。だから、アメリカの言い分は知ったことか、と。今までのように日本はカネを出しておけばよいと思う。現実主義とか独立だとか、どっちでもよくて。

五野井　自称現実主義者で、その実はドリーマーな人は少なくない。

北田　もちろん、沖縄の基地問題がある。基地をどこに置くべきかは、真剣に考えなくてはならない。それは国内問題であり外交問題でもある。けれど少なくとも、「日米安保があるかぎり真の独立はありえない」という言い方は、一見、勇ましいけど、「日本国憲法を変えないと本当の独立とは言えない」と同じぐらいナンセンスな感じもする。

私は、日米安保に賛成ではない。賛成ではないけれども、安保に合わせて憲法を変えるのはおかしい。「9条があるから、この程度の条約や軍事で済んでいる」とも言えるわけで。

むしろ、他に考えなければならないことは山のようにある。移民受け入れ政策も何も考えられていないし、ヘイトスピーチ規制法案はいろいろ意見が別れるところでしょう。とにかく、現状がどうにもならないほどグローバル化に対応できていないのは確かです。その対応について、与野党で何がどう違うのか。そういうところが野党に見えない苛立ちはある。

白井　安保体制について、「反対だけど賛成」とか「賛成だけど反対」だとか、そういう玉虫色の態度がこれまではある意味合理的だったかもしれないけれど、もう限界でしょう。冷戦崩壊後どのように国際関係を再設定するべきか、判断停止を続けているうちに、ミリオタみたいな安倍さんが権力を握ってしまった。彼のやりたいことは軍事だけ。あとは知ったこっちゃないわけじゃないですか。

五野井　でもそれは逆にチャンスで、まずは市民社会から声を上げてイシューの焦点化をすると、例えばヘイト問題なら有田芳生さんらがとりあげて、野党の政策になっていく。野党が相当のインパクトをもって政策化し、メディアもちゃんと報じるようになる。そうやって広く課題として認識されるようになると、今度は与野党間で政策のバーゲニング競争がおきるわけです。そしてほんの3年ほどでついに反ヘイト法が成立しました。

野党の尻を叩いて走らせて、与党との政策バーゲニング競争にいかに持ち込んでいくか。少なくともヘイトスピーチ問題では、これができるようになってきた。すごく大きなことですよ。人によっては「結局、最後は自民党と公明党との与党案に取られたじゃないか。絡め取られちゃって、理念法になった」と批判する人もいるけれど。

北田 いやいや、あそこまで持っていけたのは成果ですよ。

■反ヘイト法案の行方

五野井 与党の法案でも野党のそれでも、今、被害を受けている人たちが少しでも怯えない社会に一歩でも近づく法案ならば、必要ですよね。なのに、非常に党派性のある人たちがそこかしこにいて、「自民党の法案なら何でも反対!」みたいな、プラグマティックな考え方ができない人がいる。法は可決成立するまでよりも、むしろ通ってからのほうが重要です。むしろ法案を通して、そのあとで現状の政策の矛盾を突くと与党も後には引けなくなります。そういうプラグマティズムで差別に鈍感な人たちを追い込んでいく必要がある。

北田　たしかに朝鮮学校への補助金支給をなくせみたいな話をしつつ、ヘイトスピーチ規制法案を、というのはね。

五野井　けしからん話ですよ。

北田　「北に渡った朝鮮籍の人は日本に帰ってくるな」とかムチャクチャな話と同時に出すから、自民党の法案を批判したくなる人たちの気持ちはわかる。二枚舌どころではないひどい話だと思うけれど、それでも、おいしいほうの舌はいただいたほうがいいと思いますよ。

五野井　もちろん、朝鮮学校の補助金は、どう考えても妥協しちゃいけない問題ですよ。教育を受ける権利を侵害してはならないし、例外も許されない。なにせ東京の地方公共団体はエルドアン政権の独裁的な統治手法が国際的に問題視されているトルコの学校にだって、優遇しているのですから。ついこの前、「ザマン」というトルコの代表的リベラル紙は事実上の解体に追い込まれましたね。

とまれ教育は政治と違って、皆、教育を受ける権利はあるし、差別をしてはいけない。すでに1958年の最高裁で外国人のみに差別的な条例のような地方自治運営をするのは憲法14条違反だという判決が出ているわけです。だから、「他国の学校は支援していません」なんて方便は成り立たない。そもそも原則論として、当然、皆ここの国にいる人たちは誰もが教育を受ける権利を持っている。

北田　国籍が違っていても日本国に在住している市民であることは間違いない。

五野井　世界人権宣言があり、子どもの権利条約があり、それらが保障していることだし、日本はどちらも批准している。われわれは近代以降に生きているのだから、人権に関連することでいかなる例外があってもいけない。

北田　そう。子どもの権利から考えてもおかしな話で、この動きは即刻やめないとまずいですよ。

五野井　だから、次のステージでは、与党案で成立した反ヘイトスピーチ法と朝鮮学校への補助金停止は明らかに矛盾だと突いていく必要がある。整合性がないじゃないかと。

北田　そう。だからこそ、反ヘイト法は作るのが大切なんですよ。

白井　法の中身はどうなりそうなんですか？

五野井　はじめはあくまで理念法です。法律には、ある程度さまざまな解釈ができる伸びしろがないといけない。各地方自治体が条例を制定する際に、追い風となるでしょう。ただ、今後予想されうる事態は、「あの法は理念法で、違反しても罰則はないからヘイトはやっていい」と言い出す人がおそらく出てくる。

白井　僕は、反ヘイトスピーチ法は作らないほうがいいんじゃないかと思っていたんです。罰則規定のついた法を作ると、現場では左翼やリベラルに対して適用する、悪用されるだろうと。

北田　そういう反対論はありますね。

五野井　実際にインドでは反ヘイト法の名の下にそういう反政府派の言論に対する弾圧が行われている。

北田　ただそこは、理念法でもって、国家がどんな意思で差別の問題に向き合うのかを示すことが大切だと思いますね。

白井　理念法というところに落ち着いて、結果的によかったのかもしれませんね。ただ、今の政府が真面目にこの問題に取り組む意志を持っているとは思えないのですが。

北田　それでも、法があるという事実自体が大きいですし、基本法自体に罰則規定がなくても、条例で罰則を設ける自治体ならば出てくるかもしれない。

白井　なるほど。法律の専門家に聞いたところ、「現行の法体系でも、ああした憎悪をむき出しにした発言や行動は十分に刑事犯罪に問える」という意見もありました。

北田　もちろんそうですよ。だけど、在日の人たちからすれば、この国家が、自分たちの存在を否定するような発言を禁じる、それはよくない、ダメなことなんだと市民に示す法を作るのは、とても重要な第一歩です。

五野井　集団に対してのヘイトそれ自体を罰するのは、現行の法ではなかなか難しい部分があるわけで。

北田　だから、懸念は分かるけれど、それをやるのは相当のウルトラCをしないときつい。

白井　罰則規定がないことで、悪用の可能性はひとまずはないと。

五野井　いや、なくはないという懸念はあります。

白井　そうすると、罰則規定のある条例ができたとして、それがどう現場で運用されるかですよね。

五野井　そこはやはり、まさに今回のあと押しをしたのは市民だから、これからも継続的にモニタリングをしていかなければならない。どんな法であれ、基本的に政権も悪用すると考えたほうがいい。だから、政府に「これは悪用ですよね」と市民の側がしっかりとダメ出しをしていくしかない。これは別に反ヘイト法にかぎった話ではないのですけれども。

■ネットと市民運動

北田　男女共同参画社会基本法だって悪用されて変な条例がいっぱい作られそうになっていたわけですし。保育園予算の削減に基本法を持ちだされたりもしていた。

五野井　安保法は施行されたけれど、やり方によってはわれわれで無効化できる部分も余地もまだまだあるし、実質的には相当程度削れるわけですよ、これからでもね。

白井　今のところ、政府も選挙対策もあって、実効させるのに及び腰ですからね。

北田　使うとなれば相当に反発は起きるでしょう。

五野井　だから、ＰＫＯ活動での駆けつけ警護や共同防衛など武器使用を伴う任務は認めないことになったし、米艦船防護も見送りとするなど、今回施行された内容でも当面は事実上の凍結になっていることが多い。そういうかたちで、法が通った後でもいろいろな歯止めのかけ方はできるし、われわれ主権者のほうでちゃんと運用させることはできる。

北田　中期的な目標と短期的な目標は分けて考えないといけないですね。次の選挙で負けたら、もう安保法制は変わらないのかといえば、そういうわけでもない。

だから、市民の運動をもう少し広げていければいいですよね。もっと農村部の人たちとの繋がりが見えてくる方法がないのかとは思う。

五野井　原発問題なんてまさにそうですよ。

北田　そうそう。

五野井　原発立地自治体をどう考えればいいのか。

北田　今、原発関連の訴訟では、地裁の判断も分かれたりして、今後、地域同士の連帯と亀裂が両方見えてくるでしょう。だからとにかく、次の選挙でたとえ負けても、まず落ち込まないこと。そして、この間の市民運動の相当な盛り上がりは、ますます広げていく方向で考えないといけない。

五野井　この前の保育園問題にしても、最近はネットで広がった声をメディアが拾うようになりましたね。メディアがまず拾い、野党も拾う。与党も応答せざるをえない。

北田　及び腰じゃなくなりましたね。昔は、もっと「ネットの情報はすべて嘘くさい」という人が多かった。マスコミでは、「ネット＝2ちゃんねる」みたいに見られていた時期もあったし。だけど今は、ツイッターやYouTubeの投稿がニュース源としてある程度認められていますよね。だから、スマホを持った市民たちが警官とのシビアな現場でパチパチ撮りまくっていれば、警官もそうそう暴力を振るえなくなる。

白井　でも、辺野古の現場ではかなりひどいことがありますよ。機動隊と海上保安官によって骨折させられた人が何人もいる。死人が出る前に、一日工事停止となって、本当によかった。

北田　あれ、よくやるよね。こんなにも簡単に動画に収まってしまうのに、どうしてあの人たちは平気で人の首を絞めたり、海におぼれさせようとしたりできるのか。

白井　僕は「どうして」とは思いませんね。「日本の警察」というものの抜きがたい体質があるのでしょ。戦前の警察万能国家以来のＤＮＡがね。

ちなみに、本土から沖縄に増援として派遣された機動隊は、東京都立川市の第四機動隊。50年代に砂川闘争を激しく弾圧したことで「鬼の四機」と呼ばれた隊です。その砂川闘争から「砂川判決」が出て、その判決が根拠だと称して今の政府は新安保法制を通した。よりにもよって、アメリカにお伺いを立てて出させたあのいわくつきの判決を根拠に違憲立法に突き進みながら、ほぼ同時に、第四機動隊が沖縄で暴れる。永続敗戦レジームの姿がはっきり見えてきたということです。

五野井　辺野古で警察や海上保安庁がやっていることを都内でやれば、すぐ問題になる。だけど、沖縄であればああいうことをしてもいいという感覚が、現場には凄まじくあるのではないかと。
だいたい辺野古では、右翼が煽ったり、反対派を殴ったり、物を壊したりもしているわけです。もちろん許されないことです。でも、この前も海保が芥川賞作家の目取真俊さんを不当に逮捕しましたね。こういうことがまかり通ってしまうローカルルールが存在している。このローカルルールは、明らかに、われわれ日本にいる全員がまだちゃんと沖縄の問題に向き合っていないからこそ許されている。つまり、われわれのせいなんです。

■沖縄の現状

北田　日米安保と憲法の狭間で、矛盾を押しつけられてきたのが沖縄ですからね。憲法の話と沖縄の話は密接に絡み合っている。

五野井　安保との絡みで言えば、「日米同盟は大事です」と言う人はゴマンといますね。しかし、日米同盟を強化するためには当面のところ、すでに日本全体の米軍専用施設の約74パーセントが集中する沖縄の負担をさらに増やすか、沖縄の負担を減らして本土のそれを増やすしかない。前者は、どう考えても無理でしょう。もうガマンの限界にきていると何度も報じられています。実際に今回の米軍関係者による20歳の女性殺害遺棄事件で、ガマンが別の次元になってきている。
これはなぜか本土ではあまり知られていないけれども、今、沖縄経済における基地産業の割合は

5パーセントもないのです。とはいえ、基地産業に従事している人がいることもたしか。おそらくこのままの状況が続くと、あまり沖縄で現場を見ていない政府関係者にはわからない感覚だと思うのだけれど、米軍に雇われてる人たちのサボタージュが始まる可能性もあるのではないかと。つまり、基地労働の現場における日米同盟への拒否によって米軍の機能が失われていく。

今、沖縄に基地を押し付けている人たちは、その可能性まで考えていないと思うけれど、例えば「コザ騒動」（1970年に起こった米軍車輌および施設への焼き討ち事件）のようなことは実際に起こったわけです。

白井　政府関係者は、見たくないものは見ないことに決めているから。

五野井　当時は、基地労働者の組合が米軍基地撤去を求めるような時代だった。沖縄には、あの時と同じ、あるいはあの時以上の空気が流れつつあるのではないか。しかも、辺野古の新基地建設では、何回となく遅延させたり、事実上止めつつあるという成功体験も得ている。これはとてつもなく大きい社会運動が成功した記憶ですよ。おそらく次は、消極的な拒否が始まるのではないでしょうか。

リアリストと称する人たちは、沖縄に過度な負担をかけ続ければ日米同盟に亀裂が入るという、現場の最もリアルな人間の感情を理解していない。沖縄の人たちは奴隷や人柱じゃないんだ。一昔前と違っていまの政策担当者はそこを理解できていない。

北田　本当にそこが分からないんだろうね。だからこれだけ沖縄に負担をかけられる。普通に考えれば、日米関係に悪影響を及ぼす事態にならないほうが不思議であって。そういう単純なことを、現実主義者はあまり考えてくれないですよね。戦略上、地政学的に大切だとか言うけれど。

白井　アメリカからも「沖縄にこれだけ基地が集中しているのはリスクだ」という声が出てきている。

五野井　まさにそのとおりで、リスク分散の考え方からしてもナンセンスですよ。それ以上に、沖縄経済はたしかに基地に依存していた時期もありましたが、現状では先に紹介したとおり5パーセントもない。

沖縄経済の中心は、観光です。そしてこの前は、宿泊費を安く済まそうする観光客に人気のビジネスホテルで、本土から来た旅行者が米兵にレイプされた。沖縄の観光産業にとって、一大ダメージです。今までの米兵の事件は、まさに沖縄の人が被害者でしたが、ビジターも被害者になりうると明らかになった。さらに軍関係者による殺人が今回起きました。このダメージを、恐らくリアリストと称する政権側の人たちは測りかねているというか、深刻に考えていないのではないでしょうか。そして、いわゆる保守ならば、日米地位協定こそが現代の不平等条約だとして改正を目指さないのはおかしい。

北田　これだけ定期的に米軍兵士のレイプ事件が起きることの外交的な異常さを、もう少し真剣に受け止めてほしいと思いますよね。

白井　期待するほうが無理筋でしょう。だから、沖縄の人たちは構造的差別だと言っている。

北田　沖縄は、基本的には相当に貧しいわけですよ。47都道府県のなかで圧倒的に貧しいし、大学進学率も低い。

五野井　そもそも収奪されていますからね。貧しくさせられてしまったわけですよ。本来的には沖縄というのは豊かなはずなのに。

北田　本質的に沖縄は本土と違う非常に不利な状況があることが、いろんな側面で見えなくなっていますね。基地問題もそうだし、それからアイデンティティの問題もある。

元SPEEDの今井絵理子さんを自民党が担ぐのは本当にひどい。よりによって彼女を担ぐのか、と。あれはもう、胸が痛みます。沖縄の置かれているこの微妙さは、基地の問題だけには回収できないけれど、まず、基地をどうにかしないとお話にならない。ところが、その「どうにもならない」ところすら手をつけられていない。

■対米従属の構造

五野井　今は、翁長雄志知事という、まさに沖縄における保守本流が辺野古移設に反対しているわけですよね。そこですよ。その空気が変わったことに気づかないと。

政府与党は、1月の宜野湾市長選で「勝った勝った」と喜んでいますが、宜野湾で与党は基地移設に「オッケー」とは言っていない。「ペンディングする」で有権者を納得させているだけです。本土に伝わってくる情報と、現地でのロジックがまったく違うことにすら、東京は気がついていない。

白井　気がついていないし、気づこうともしていない。都合の悪いことは見なかったことにするし、沖縄ないし琉球という場所・地域・人々を、日本国家という単位の中で、どう共に生きる仲間として支えていくべきかという考えが根本的にない。

五野井　実際、過去にも橋本政権の時の有識者会議で、田中明彦先生や故京極純一先生といった政治学者たちが、「(米軍が)やっぱりいなくなってください、という筋合いは今はない」とか「無理に帰ってもらう必要はない」と述べているわけですよね。

白井　あれは、本当に「語るに落ちた」というやつですね。これが日本の「一流の政治学者」と呼ばれる大人たちの感覚なんだ、と。何かもう情けなくて、ヘナヘナしてきてしまうけれど、よく考えれば、学界の相当の部分も対米従属利権共同体の一部ですから、そうした発言は驚くには値しませんよ。

そもそもね、なぜここまで自民党政権は米軍基地問題で及び腰なのか。沖縄の返還も、アメリカ側は、沖縄はいずれどこかのタイミングで返さないといけないと思っていた。「これではまるで、オレたちは領土獲得のために第二次大戦を戦ったみたいだ。正義の戦争なのに」と。言行不一致になるから、早く返したい。ところが日本は「返せ」といつまでも言ってこない。だから、「そろそろ

『返せ』と言いなよ」とアメリカ側が先に言ったわけです。それでやっと、「返してくださいって、言っていいのか」ということになった。

それから今も、政府は口を開けば、「普天間基地は世界一危険な基地だから、一刻も早く閉鎖しなくてはならない。そのための辺野古移転だ」と言うけれど、普天間基地を世界一危険だと言い出したのは、ラムズフェルド国防長官（当時）ですよ。ラムズフェルドが現地に行って「なんじゃこりゃ！　これは閉鎖しなきゃいけない！」と。つまり、東京側の権力者は誰一人として「こんな危ない基地はどうにかしてください」と恐れ多くてアメリカに言えなかった。

五野井　いや、しかし他方では、良識的というか、もともと自民党保守本流の人たちは、「沖縄は見捨てられない」と思い続けてきた面もあった。沖縄戦の記憶もあって、彼らなりに本土復帰運動をやってきた。

実は、本土におけるその本土復帰運動の最後世代的な立ち位置にいたのが故小渕恵三総理らです。沖縄でサミットを開いたのも、だからこそという側面がありました。それはたしかに「小指の痛み」かもしれないけれど、沖縄返還交渉で対米交渉の「密使」を務めた国際政治学者の若泉敬あたりが代表的な、ある種の任侠的気質を持つ右派、その保守本流の流れが消えたという面はある。

白井　若泉さんは、彼自身の主観の次元では誠実な人だったと思いますよ。最後に大著（『他策ナカリシヲ信ゼムト欲ス』文藝春秋刊）を書いて返還の内幕も暴露した。だけど、彼の死に様はひとことで言えば滑稽だった。彼はあの本をすさまじい覚悟で書いた。この本が出たら必ず国会に呼ばれて証言させられると考えていたらしい。

五野井 実際に招致の用意もしていましたね。

白井 そう。ガンに侵されながら、国会に呼ばれたらどう振る舞うか、一生懸命、家で練習していた。ところが、実際に本が刊行されたら――。

五野井 黙殺された。

白井 そういうことです。彼は「愚者の楽園」という福田恆存の言葉を使って戦後日本を批判したけれど、「あなたも愚者の楽園をつくった一人でしょ?」という話だし、その楽園の愚かさは、若泉さん自身が想定していたよりもはるかに深刻なものになっていたのに、その可能性をまったく意識することができなかった。だから知的に質が低く滑稽だというのです。主観的な誠意はわかりますが、客観的には誠意がなかったと言わざるをえない。「愚者の楽園」の中核とは、特殊で異様な戦後日本の対米従属の構造にほかならないんですから。

ついでに言うと、今、安倍さんの右腕として活躍中の谷内正太郎氏(国家安全保障局長)は、若泉氏の弟子で、外務省対米盲従派のエースだった人。あの世の若泉氏に聞きたいのは、「あんたどうやって製造者責任とるんだ?」ってことです。劣化コピーそのものでしょ。

今は、若泉のような主観的誠意すらない政府ですが、僕がもし今、政府関係者であったとして、どうしても辺野古に基地を作りたいとしたらどうするか。現地に納得してもらうには、まずは日米地位協定の改定でしょう。地位協定をもっと対等なものにできれば、沖縄の人たちの反発はいくらか緩和できるだろう、と考える。

五野井　そもそも本来はバーターにするべきものではないけれど。

白井　もちろん、それは要は懐柔ですよ。問題は、バーターがいい悪いどころか、今の政府は、恐れ多くて地位協定改定なぞ、自分たちからは言えないという話で、懐柔しようとすらしないことです。在日米軍の意味とは何か、という本質がここから見えてくるんですよ。

この間に見えてきた究極の本質は、「在日米軍は永続敗戦レジームを守るためにある」。だから日本政府の中枢は、米兵を一兵たりとも減らすことが不安でたまらない。なるべくいてくれたほうがいい。なぜなら彼らの用心棒だから。用心棒にはなるべく居心地よくいてもらいたいから、性犯罪も本気でなくそうとしない。

■国土の区割りを見直す

北田　社会学者同士で沖縄の話をすると、沖縄の人のアイデンティティとか、所得の話ばかりなので、今の話に「なるほど」と思うと同時に、やはり「この引き裂かれた状況は、地位協定の改定ぐらいでは変わらない」という気もする。

沖縄は基地問題一点ですら、どうやっても分断されてしまっている。基地の経済効果がどれだけあるか、その見積もりは沖縄の内部でも主観的にだいぶ差がある。昔は米兵が飲みまくっていたコザの飲食街も、今は死に絶えたようになっている。「ああ、もうダメになっちゃったんだ」と、数字に表れている以上の印象を覚えます。

結局、私は「分断の原因をまずどうにかしてくれ」とつくづく思うし、例えば、これを沖縄の人が望むかどうかは別として、沖縄は日本と連邦制になってもいいと思う。ほとんど財源的には日本が負担するかたちになるとは思いますが。あるいは道州制の中で連邦国家にするとか。何の根拠もありませんが、東京だけでたぶん一国になるほどの国力はある。ベルリンが特別な位置にあり、他は同格の州があるのと同じようなかたちでもいい。

五野井　あるいは、連邦における州主権よりも進んで、国家格としての主権のほうが望ましいとも感じます。

北田　スペインとバスクの関係でもいいし。

そのぐらい、連邦制などを導入して沖縄の政治的なアイデンティティを自立させる方策を考えていかないと。米軍基地が沖縄に集中しているかぎり、沖縄内部の分断・分裂は止まらない。

翁長さんもバリバリの保守なのに、反基地に移らざるをえなかったのは、やはり現場で暮らしている中で、いたたまれなくなったわけですよね。

五野井　そうですよ。

白井　翁長さんは「万策尽きたら夫婦で辺野古のゲート前に座り込む」とおっしゃっています。

五野井　それだけ腹を決めざるをえない状況ですよね。今、北田さんがおっしゃったのもまさにそこ。共和国にするか、それとも琉球王朝を復活させるかはともかく、何らかの政治的なアイデンティティを、少なくとも日本の側からすれば回復させることも正義の一つだと思う。なぜなら、日本は琉球処分で政治的なアイデンティティを奪った張本人なのだから。

北田　琉球処分が果たして合法だったのかを問い直すような試みが、そろそろなされてもよいと思います。その中で、日米安保の問題も考えていければいいんじゃないか。琉球処分当時、琉球を近代的な意味での国として認めていた国はあるわけです。

白井　だから、幕末期に琉米条約なども結ばれている。

五野井　そもそも、明治以前の感覚では、日本は中華秩序の中で全然、据わりは悪くなかったはずです。朝鮮半島とどちらが小中華かの競争をしつつも、朝鮮通信使に漢文の添削をしてもらったりもした。その意味では、琉球王国の立ち位置は安定したあり方です。日本史学ではこうした外交と貿易関係に注目してこの数十年来、松前、長崎、対馬と並んで江戸期の外国に開かれた「四つの口」のひとつである琉球口という表現をしますが、そういう狭い日本から観た括りでは表現しつくせないことは明らかです。

北田　昔の日本語から今の日本語と琉球語が分岐したという従来の説も、最近は怪しいのではないかという説も出ているようです。言語系統と琉球処分の位置づけなども考えていかないといけない。そもそも、一般的に法や支配の正統性が何に担保されるかをたどると相当に怪しい。

北田　ともあれ、日本は抜本的に行政の枠組みを変えなくてはいけない時期にきている。47都道府県という枠組みも、意味のない区分ですよ。沖縄以外でも、文化的なアイデンティティがあるといえばあるけれど、ほとんど政治的には意味をなしていない。

東京だけを特区にして他は4州＋琉球の連邦といった形で、選挙区も国会議員の選び方も根本的に見直す、大がかりな手術が必要じゃないかなと思います。5増8減とかそんな小手先の話ではなく。

橋下徹・前大阪市長が言うような、ちまちま「自治権をよこせ」という話ではなく、日本列島の中の区割り、政治的な関係性をどう見直していくのかを本格的に考えないと、いろいろなものが摩滅しきっている。JR北海道がほっとけば潰れるなんて、国鉄分割民営化の時点で、どんなバカにでもわかっていたわけです。なのに北海道を単位にした鉄道会社を作ってしまった。国労対策もあるだろうけれども。やはり、今の地方の単位が本当に妥当なのか、そういうことも射程に入れて話す政治家がいても面白い。

白井　JRは、東日本が北海道を吸収するしかない。

北田　そうですよ。

白井　ところが、新聞に「それはできない。ＪＲ東日本の株主が反発するから」と書いてありました。「あんな赤字路線を抱え込みたくない」と。つまり、株主本位という原則を転換させないかぎり、合理的決定はできないのです。

北田　国鉄の分割は面白い例で、あの分け方自体がものすごく戦後レジーム的ですね。北海道があって、東北地方と東京をくっつけて、西日本とか九州、四国と。綺麗に地形で分けた。４大都市は別々の会社エリアに入れて、地方に新幹線を伸ばす。北海道には何も与えない。

五野井　さらに沖縄には何も与えない。例えば鉄道網を見ても、昔は沖縄県営鉄道があったのに、いまはゆいレールだけになってしまった。

北田　そう。あの区分と違う地域性の単位を模索していかないと。例えば、福島も本当に東北なのか、あるいは北関東なのか微妙なところですよね。

政治家が有権者の手を握り、有権者は利益をもらえるというような利害構造がつくれないぐらいに単位を大きくしないと。単位を大きくしたほうが、構造的な再分配は上手くいく気がする。今のままの県単位とかだと、利害が具体的になりすぎる。

とにかく私が言いたいのは、選挙にしても経済的な分配にしても、沖縄のアイデンティティにしても、議論していくのと合わせて、もう1回、国土の形を見直す必要があるということです。現状のまま、甲子園方式の単位で政治や行政をやり続けるのは、非常に非合理な感じがします。

■政治改革はなぜ失敗するのか

五野井　他方、地方自治なるものが、これまでも貫徹されてきたかどうか。たしかに明治憲法下になかった地方自治法が1947年にできても、ずっと3割自治と言われて、国の下請けばかりしてきた。沖縄の話で言えば、沖縄は何回も基地を拒否してきたわけですよ。なのに国は無視して押しつけてきた歴史です。そういう不正義が日常的に横行している体制がどうにも許しがたい。

白井　しかも、3割自治、4割自治と言われますけど、戦後ずっと県知事になってきた人たちは、自治官僚出身者がとても多いわけです。要するに、戦前の内務省支配の延長。明治レジームの延長線上でもある。

だから、明治維新でできた圧倒的に国家主義的なレジームを、どう解体するのか。これが課題です。民主党政権の成立時に「明治維新以来の革命的変革だ」と、自分たちで言っていましたよね。「バカじゃないか」と思いましたよ。明治維新でどれだけ人が死んだかを分かってて言っているのか。勝った側も、畳の上で死ねた人はほとんどいないですよ。西郷隆盛も殺され、西郷を討った大久保利通も暗殺されたわけです。ものすごい量の血が流れてできたレジームを変えるならば、同じぐらい血を流すことを覚悟していなければおかしい。本当に覚悟があるのなら、そんなことは口に出すわけがない。

五野井　そこはいちおう弁護しておくと、少なくとも平成の大合併以降、「変えます」と言って取り組んできていた。具体的にはその内務省的なものから脱却する手法として、ニュー・パブリック・マネジメント的なものまで取り入れてやろうとした。

白井　「新しい公共」という言葉がありましたね。

五野井　それも近い文脈ですね。加えて、こうした行政の構造にメスを入れるにあたって、やはりクリエイティブさに欠ける新自由主義的な手法を駆使するしかないという、ある種の信仰はあったし、今でもある。

白井　つまり例えば、ニュー・パブリック・マネジメント的なものと、橋下さんによるナンセンスな学校校長公募制なんかは、実は親和性があったということ?

五野井　親和性があるというか、橋下さんは90年代から政治改革を求めてきた人たちが高邁な理想に基づいてやろうとしたものから、字面だけを抜き取ってきた感じ。

佐々木毅先生らのように「改革」を唱えてきた人たちが、よいか悪いかは別として、内務省的なものを打破しようとした際の一つの方途が、新自由主義的な手法だった。国立大学法人化はその一つです。

白井　なるほど。なんだかどの領域も本当に似ていますね。大学改革も同じじゃないですか。「弛みすぎているからアメリカ流を取り入れてピリッとさせましょうや」っていう「まあ、それも一理あるかな」という発想で始まって、いつの間にか、教員は無意味な誰もちゃんと読まない書類の山によって生き埋めにされ、大量のポスドク難民がさまよい、一部の大学は「スーパー・グローバル・ユニバーシティー」とやらになって、宇宙にでも飛び出すんですか、ということになった。

だから、こうした「改革」がことごとく失敗したのはなぜかを考えなければならない。小沢一郎さんは『日本改造計画』で、これまでは、政治を変えるのに外圧を利用してきたと指摘した。場合によっては必要かもしれないが、とても危険なやり方だと書いている。まさにその危惧が当たって、結局、外圧でしか変われない体質と、アメリカ自身が苦しくなって、同盟国から経済的にも軍事的にもいわば収奪する構造になったこととが見事にシンクロして、今日の事態になった。

■3・11で変わったもの

五野井 他方、心ある官僚らと一緒に学者たちが行政の仕組みを変えようとした動きは、平成の大合併以降、もう1回ありました。東日本大震災のあとの復興構想会議と復興庁です。当時、官僚たちは「土光臨調以来、この国を変えられるかもしれない」と言っていたそうです。まさに、『官僚たちの夏』(官僚たちを描いた城山三郎の小説)だった。そして実際に復興においてはほんの数年足らずで大きな成果を上げました。

ただその夢も、政権交代が起き、過去から連綿と続くさまざまな軋轢にしだいに潰され、復興庁も梯子を外されてしまう。

北田 でも、3・11以降、やはり社会は変わったと思うでしょ？

白井 よいほうにも悪いほうにも変わりましたね。

北田 変わった一方で、根深くある内務省的な気質なり、地方自治は変わらない。

白井 その限界が次々と露呈しているわけだけれども、それでもどうにかして無理矢理維持したい人たちが権力を握っていて、死に物狂いの専横に走っている。だから、はっきり言えば、僕は短期スパンでは何の希望も持っていない。もっとひどいことになるだろうとしか思えない。

北田 かつての社会党であったり、社会民主主義的な政治勢力や政権は、この国では無理なんですかね。

白井 そんなことはないと思いますが、そうしたものが成立するに至る道のりは平坦ではありえないでしょう。

五野井 少なくとも、55年体制下で社会党が希望を担った時期はあるわけです。戦後のある時期までは。例えば女性が参加することで政治風土が少しずつ変わったという事実は、確実にある。土井たか子さんが女性で初の衆院議長になって、本会議で議員を「さん」づけで呼びましたよね。今まで「○○君」だったのを「○○さん」と呼ぶことによって、空気が変わった。

ああいう政治風土の変化は、もしかしたら土井さんで最後、あるいは村山談話で最後だったかもしれない。だけどある種の戦後民主主義の希望は、常に政治に吹き込まれてきたし、社会民主主義的な影響力が、ある程度あは人々の生活を底上げしてきた。だから、そういうものに対して「何も希望がないよね」とは言えないいんじゃないでしょうか。

白井　たしかにそういう面があることは分かりますが、しかし、3・11以降にググッとせり上がってきた、この社会の岩盤のすさまじいまでのおぞましさは、ちゃんと直視しなくてはならない。

女性の政治進出の話が出ましたけれど、この間によく分かったのは、「この国では、女性の参政権は形式的に認められているが、実質的には認められていない」ということでしょう。つまり、山谷えり子さんとか稲田朋美さんとか、ああいうオッサン以上にオッサン化した女性は取り立てられるけれども、他方で東京都議会におけるヤジ問題がありましたよね。もう2年前ですけれど、「自分が早く結婚しろ」とか「(子どもを)産めないのか」とか、セクハラというか、完全な人権侵害ですよね。なのに言った自民党議員は、事実上、処罰されない。

なんでそんな人権侵害が許されてしまうかといえば、要するに「女のクセに政治に出てきて発言するなんて生意気だ。そんなヤツは人権を侵害されて当然だ」というのが政界のデファクトスタンダードの価値観だからです。これが日本の政治風土の現実ですよ。他方、安倍さんお気に入りの女性政治家たちは、マイノリティが生き残るためにマジョリティの価値観に過剰適応してしまうという現象の見本ですね。

■SEALDsらが拓いたインターフェイス

白井 それにしても、僕は、今みたいに政治家と話す日が来るとは思っていませんでした。現代政治の研究者じゃないから、本を読んで昔のことをああだこうだ言うのが自分の仕事だと思っていた。でも、3・11があって、「この国はもう、相当にまずいことになっているぞ」ということを突きつけられた。それがきっかけで自分の仕事も従来と大きく変わり、そこに安保法制が出てきた。

国会前デモに行ったら、辻元清美さんがいて面識があるので声をかけたんです。そのとき、「安保法制が通ったあとにどうするんですか」と聞いたら、「新安保法制廃案法案を提出します」という答えが返ってきたので、僕はこう言ったんです。「そんな実効性のないつまらないことを聞いているんじゃない。このレジームをどうするかを聞いているんです。このレジームを倒すための勢力を結集しなければならないのはわかりきったことで、辻元さんなどがいつそれをやってくれるのか、ずっと待っていたけれども、いつまで待たせるんですか」と。そうしたら、「あなたの話はよく分かるけど、現実はそう上手くいかない」と言う。それで、「(岡田克也氏が党首に選ばれた党首選で）細野豪志さんが党首になったほうが党のネオリベ党としての性格がはっきりするからまだマシだった」と言ったら、「大阪『都構想』の住民投票で相当のサポートができたのは、中間派の現執行部だから説得できて資源動員できたのだ」と反論され、「民主党のリベラル系候補は選挙に弱いという現実もある。リベラルな候補者を立てること自体、簡単じゃないんだ。そこまで言うなら、白井さん、あなたが選挙に出ますか？」と返されたから、思わず口ごもりました。この時の経験で、私たちは、もっと政治家と互いに本音を言い合うべきなんだと思ったんです。

議会制民主主義の不健全なところは、政治家と支持者が、決して本音を言い合えないことでしょう。票をまとめている労組など組織の幹部は、政治家を「先生、先生」とおだてますが、あれは「言うことを聞かなければ落とすぞ」ということの裏返しですよね。政治家は、こうした組織のリーダーに「皆様方のおかげです。心から感謝しています」と頭を下げるけど、本音では「筋の通らないくだらん請願をもってきやがって、このバカどもが」とか思ってるわけで、利益誘導政治では、表層の敬意と本音の軽蔑をお互いに投げ掛け合っている。

しかし、国会前の空間にその突破口が生まれていた。僕の個人的な経験として、「あ、変えられるんだ。普通に話せばいいのか」と思えた。こちらが言いたいことを普通に話せば、向こうも言いたいことを普通に話すようになる。

五野井　陳情ではなく対話。リベラル懇話会は、それを面と向かってやった。このことは、もっと評価されていい。

北田　議会の中と外の関係がいいほうに変わってきているのは事実だと思う。でも、直接に辻本さんと話せる白井さんとかにとってのリアルと、そうではない一般市民のリアルはだいぶ違う。SEALDsとかで中間的なインターフェースはだいぶゆるんできた。でも、普段から社会運動に接していないような、もっと外側の人にとっては、まだまだ遠いのではないでしょうか。「言っても無駄」とか「何も変わらない」という感覚を変えてゆくには、まださまざまな入り口や対話する場所を作っていかないと。

五野井　北田さんのご指摘の通り、蚊帳の外に置かれている人はまだまだ圧倒的に多い。それでも、主権者であるわれわれが声を上げて集まってデモをしたり、陳情や電子署名をすると、政治家は無視できなくなっている。これこそが、近年の分かりやすい政治文化の変化です。もっともっと、変えられる。

北田　そう思います。反イラク戦争から3・11を経て、少しずつ新しい政治文化が広がってきているのは確かです。でも、まだまだ。

社会調査のデータを見ていると、日本の6割くらいの人の志向は、なんとなくリベラルからきちっとした左翼あたりにいるはずで。この国が本質的に差別主義的だなんてこともない。しかし現状では、これがうまい具合に票に変換されていない。うまく変換されるように、少しずつ少しずつ変えてゆく出発点に、今、私たちはいる。あまり悲観も楽観もしていない。安倍さんのおかげで危機意識もしっかりしてきたし。

普段は議会政治にあまり興味を持っていない、何となく自民党を支持しているような人だって、「子どもを育てるのにこんなに金が必要で、こんなに困ってしまってて」と一つ一つの話を聞くと、「え、それじゃあ、自民党支持にはならないんじゃないじゃないですか？　というか、今の政策はまさにそのあなたを苦しめている」というケースがいっぱいある。「反安保法制！」「立憲主義を守れ！」はもちろん大切だけど、同時に、そういう層に、「いやいや民主党（民進党）や共産党は、べつにあなたたちを追い詰めたり経済をどん底にする訳じゃないんです」と示すパッケージングと間口の広さが必要なんだと思う。

白井　要するに、単純なキャッチフレーズでいいんですよね。「困っている人を助けよう」とか。

五野井　まさにそれですね。今までのリベラルは、「僕が考えた最強の正義構想！」みたいなのをドーンと出したがるでしょう。構想を考えているうちに現実世界には何もかかわらず一生を終える人ってけっこういます。

白井　でも、ロールズの言ったことだって、簡単にすれば「困っている人を助けよう」ですからね。

五野井　完全な政治構想もそれはそれで重要だけれど、同時に目の前の困っている人を、今この瞬間に助けるのが大事。不完全でもいいから、目の前の不正義をいかに減らしていくかですよ。

北田　だから、民主党の「最小不幸社会」は悪くないキャッチフレーズだったと、今でも思うんです。民主党政権がやったことは真逆だったけど。

五野井　本当は民進党の議員も、もっと困っている人の現場に行くべきでしょう。年末年始の山谷や釜ヶ崎では公共サービスが止まる中、毎年越冬闘争をしていますよね。あるいは新国立競技場建設のために取り壊された都営霞ケ丘アパートの住人とか、困っている人はいろんなところにいる。
　正義構想の研究や提示と同時に、常にアンテナを張り巡らせて、目の前の人に手を差しのべないといけない。

■社会のニーズの変換装置

北田　リベラル懇話会を立ち上げた時の趣意書が依拠したのは、アマルティア・センの議論なんです。コミットメント（社会の他者への共感能力）をどう調達していくか。経済成長と配分の合理性、ケイパビリティ（人々の選択や活動の幅）をいかに繊細に掬うか。これらを政策の基礎にすえるべきだと。そこから、人種差別もLGBT差別も、朝鮮学校の無償化も、自ずと答えが出てくるだろうと。
　共産党は共産党で違う構想があるでしょう。それは違っててもいい。でも、全体的な社会の見方をきちんと示し、個別の政策を出していくのが、自民党への一番の嫌がらせだと思うんです。先日もデータで反論していた民進党議員がいたけど、そういうのこそがニュースになるんですよ。庶民感情でおかしいと思える自民党の主張に「それは違う」と言って、政策をぼんぼん出していけば、ボディブローのように効くはず。

だからこそ、議会内と社会のニーズを繫いでいく活動が重要です。議会外のニーズの変換装置として政策がある。政策ありきではなく、政策はニーズの翻訳作業であるべき。

献金とか不倫とか、個人のスキャンダルを追及し続けるのが得策かどうか。それよりも、与党より先に政策を出すほうが、ずっと効き目があると思う。

白井　しかし、北田さんが、こういう形で議会政治にコミットする日が来るとは……。

北田　思ってもいなかった。ただ、官僚と話すと勉強になる。彼らは頭がいいから「敵」の理屈を知ろうとするし、こちらも彼らの論理が分かる。

五野井　厳しいのは、内閣に人事制度が一元化されてから、官僚の自由度が相当に狭まりつつあることですね。それでも民主党政権の時はボイコットもできたけれど。当時は官僚と融和すればどうにかなると思って、結局、ミイラとりになった人が続出した。

白井　それは、レーニンを読んでないからだ。

五野井　まさにそこ。権力にやられるってことがどういうことか、分かってない。ともあれ、北田さんの言うとおり、ゴシップに食いつきすぎるのはよくない。

北田　おまけくらいに思っておけば。

五野井　ともかくゴシップは週刊誌に任せて、野党は与党案の前に対案を出すという先制攻撃をする、これに尽きます。

北田　先制攻撃の素材は議会外にいっぱい転がっているわけです。それを集約するだけでいい。

白井　学者も含めて、議会外に知恵を持っている人はたくさんいる。

五野井　経済成長路線は唱えたほうがいい。

白井　経済成長の質的転換を言わなければ。

北田　少なくとも低成長でいい、という話にはしないほうがいいでしょ。

五野井　結果としてそうならざるをえないかもしれないけど、低成長と聞いて喜べるのはエコロジカルな左派と一部の経済音痴な保守派だけで、一般の人は喜ばない。

北田　それと、成長は反原発と必ずしも相反しないってことも強調しておかないと。ともあれ、今みたいな流れが2、3年動く中で、連合政府というよりは、ポーランドの民主化を支えた「連帯」みたいなものができればいいな。そういう土壌はあるんじゃないかと思います。

白井　つまり、やはり革命でしょ。

北田　まあね、その革命……。革命って難しいですね。真顔で言うと、やはり革命はヤバいと思う。ドイツのワイマール期に社民党がなぜあんなにもダメになったのかを考えると、やはり議会主義を甘く見ていたからだと思います。

五野井　なるほど。院外に注力しすぎて、議会制のほうを怠ったわけですね。

北田　議会外の政治を過大視しすぎたことが、ドイツ社民党の大失敗に繋がったと思うし、日本社会党も、左派は議会軽視の傾向が強かった。おかげで、55年以降順調に議席を減らし続けた。その結果、名前も変わり、今は消滅寸前になっている。議会が政治のすべてではないけれど、決して軽んじてはいけない。政治は議会で完結はしないけれど、議会を見かぎった野党、左派政党が勝ったことはないと思います。

白井　今の日本には、国が主催している議会の外で、自前の議会を作ってある種の革命をやろうとしている組織がありますよ。「日本会議」です。あれは、実態はともかく、名前の上ではソビエトですよね。

五野井　たしかに今の国会議員の数多くが入っていて、まさに議会外の議会のようなもの。

白井　だから、われわれがなすべきは、左派・リベラルの日本会議を作ることでしょう。

五野井　そう思う。ただし、左派・リベラルによる議会外の議会と言った途端に、やはり過去のイメージが想起されて、「じゃあ、お前はソビエトを作るのか」となる。でもここでは逆手に取りたい。批判する側からは反議会主義、議会外政治とレッテルを貼られる。では、その轍を踏まないようにしようと考えたら、やるべきことは、議会外の声を議会が無視できないほどに大きくした上で、いかに議会内に還流させるかという仕組みづくりです。この本の冒頭から話し合っているとおり、この国に住むわれわれ各人がグラスルーツで動いた結果、３・１１以後、かなりの人数が集まるようになり、政権の政策をある程度は変えられるようになってきた。

白井 あとはやはり、打倒対象をはっきりさせないといけない。

五野井 古くはグラムシ、近年では政治理論家のエルネスト・ラクラウなどが強調している、対象を名指し、指差すことによる明確化は非常に大事。

北田 社会党は、党大会でそれをやっていたからいけなかった。もう少し社会学サイドから考えれば、立憲主義も、24条改悪も、家族であったり女性の問題、LGBTにしても、貧困問題だって、全部が繋がっている。繋がっているけれど、自民党はバラバラに細分化して、ちょこっとずつ出してくる。このやり方が繰り返されて、野党はズタズタにされている。全部が繋がってるということを理解してもらうのは、普通の一般の市民にはやはりとても難しいんですよ。

■社会と議会を繋ぐ回路

白井 安倍政権ですら、同一労働同一賃金を言い始めた。それはある意味、この間の社会運動の蓄積が、彼らに、いちおうはそう言わせるほどになったということです。辺野古の基地建設がいったんストップされたことも同様です。

北田 そう。第一次安倍政権はそんなことにまったく聞く耳を持たなかったけれど、第二次政権は社会運動の主張もつまみ食いする。つまみ食いして、矛盾したことを平気で言える。

白井　われわれとしては「あいつらには、本当はそんなことは絶対にできない」と日々、暴露していく。

五野井　「あいつらが何かと改善すると口で言っている問題の、元の構造を作っているのはあいつら自身だよね」と名指す。おそらく与党の言う同一労働同一賃金と、野党が言う同一労働同一賃金は相当程度、違う。では与野党で何が違うか、チェックして線引きし判断する基準が必要。ちゃんと機会の平等を可能にする再分配がされているのか、する気はあるのか。

プーチンやエルドアンのような粗暴に振る舞い、強く言い切り、民衆を気持ちよくさせる手法、近年ではトランプ現象やフィリピンのデュテルテがまさにそれですね。日本では石原慎太郎氏や橋下徹氏以降、安倍総理なども活用している右派ポピュリズムは、自身の政策については基本的に耳なじみのよい側面しか言わないわけです。でも同一労働同一賃金と言いながら、実際には財を再分配しないのが右派ポピュリズムの実体。

他方で、左派ポピュリズムは、本当に財の再分配をするためにスローガンを作る。だから、実際にスローガンを使ってどういう効果があるのかを見極める必要がある。

白井　しかし、旧民主党もだらしない。民主党政権は「同一労働同一賃金」なんて言いましたか？と。民進党になって「変わった」と言えればいいけれど、その胆力も見えない。

五野井　まあね。『ルソー、ジャン・ジャックを裁く』じゃないけど、「あの時の私はダメなヤツだった！」みたいに、自分自身の過去を名指すことも大事でしょう。「お前たちは過去を反省、清算してないじゃないか」と言われたら、「しっかりと反省し清算しています」と言えるように、「与党を糾弾する側に、本来糾弾されるべき、旧弊がありますね」と名指ししていかなければならない。それが党内環境の健全化にも繋がる。

白井　最近、民進党の篠原孝衆議院議員が、「民進党として再出発して政権を狙うならば、野田佳彦とかああいう連中を粛清しなければならない。野田が提示した路線は安倍政権の路線と五十歩百歩だったではないか」と言っていたけれど、まったく正しい。

五野井　まあ粛正というのは穏やかではないけど、顧問たちが自分らがしてきたことの過去と向き合ってほしい。例えば野田氏に変わってもらうようなことはないだろうか。

北田　しないですよ。

白井　するわけないのだから、叩き落とすしかない。

五野井　でも彼は、各党の独善的な議員よりは耳を傾けるほうだと思う。何だかんだ言っても国会前などの動きは怖いから、現場に来たというので。

白井　「国会前を変装して歩いていた」という噂は本当なんですか？

五野井　本当のようですね。やはり、少なくともまだ議会外の政治と言うべきか、議会政治を囲んでいる社会に何かを見よう、現場を見ないとまずいし、対話も必要だという感覚が、野田前総理にはあった。ここは幾ばくか評価しうる点です。まだ理解を促しうる余地があるということだから。

北田　その感覚が根づいたのも、ここ数年間の大きな成果ですから、最大限に活かさないと。こうした感覚を持つ政治家を増やす余地は、まだまだある。参院選で野党の圧勝はないだろうけれど、一歩一歩進めていけば、そんなに安倍さんも無茶はできないはず。

やはり、社会を成熟させていくことかなと思いますね。もちろん議会は重要だけれども、その背後の社会をどれだけ充実させていくか。

社会が豊かになる・ならない、あるいは経済政策をどうするか、といった論点では、私と白井さんの意見は最後まで折り合わないと分かった。それでいい。だけど、議会の外にある社会というものを議会に繋ぐ回路をより深く大きくしていこうという方向性は、一致している。

白井　異存はありません。

五野井　各人のスタンスは違って当然でしょう。そういった多元性や差異を認めながら、横に繋がる知恵をリベラルも持たねばなりませんね。

北田　そうです。だからこそ連帯していきましょう。

あとがきにかえて

政治地図を「正常化」するために…………北田暁大

「3・11以降社会は変わった」と言われる。それに対して「いや、それまでの社会の歪みが顕在化しただけだ」という言葉が投げかけられる。そしてまた「いや、社会運動ができる社会に変わった」という言葉が返される。

社会学を専門としている者からすれば、「社会が変わった」と言われると、いったいその場合の社会とは何で、いかなる意味で「変化した」といえるのか、と言いたくなるし、「70年代以降の『行動する女たちの会』の活動や住民運動、環境保全運動、平和運動はどこにいったんだ?」と苛立ちを覚える。

実際、「政治」に関していえば、戦後最大級の右派的なポジションを明示し、立憲主義の根幹をないがしろにしている安倍晋三内閣が、堅調な支持を集めているし、社会的には女性活躍社会の名のもとに愚劣なジェンダー観や、おおよそ社会科学的データを踏まえていない素朴な家族観が幅を利かせている。沖縄の苦境は一向に解消される気配もなく、九州の「大震災」においても、多くの人々の川内原発への不安は推し消されつつある(それが科学的に正しい/正しくない、という話ではなく、人々の不安にどう対応するかという統治の論理として問題がある、と)。

社会はもちろん常に変わるものである。規範も法も常識も変転する。その意味では「社会は変わった」し、路上で定期的に反政権デモがなされるように「社会運動のしやすい社会」にはなった。しかし、それは、3・11以前の社会運動が問題化していた「社会」の問題が解決されたということを意味しないし、その運動の真摯さにおいて3・11の前後で違いはない。

社会学者の小熊英二氏が「朝日新聞」に次のような論考を寄稿したとき、私は唖然とした。

「この運動は、『68年』とは異質だと思う。『68年』の背景は、経済の上昇期に、繁栄と安定に違和感を抱く学生が多かったことだ。そこには、安定した『日常』からの脱却と、非日常としての『革命』を夢見る志向があった。当然だがそうした運動は、安定を望む多数派には広がらなかった。だが『15年』は違う。経済は停滞し、生活と未来への不安が増している。そこでの『日常』は、崩れつつある壊れやすいものであり、脱却すべき退屈なものではない」(「朝日新聞」2015年9月8日夕刊)

社会運動家として「新しさ」を打ち出していくことは理解できる。実際、いわゆる「新しい社会運動」と呼ばれるものは、非党派性、自然発生性、生活準拠的という形でたえず自らを「新しい」

ものとして打ち出してきた。SEALDsのような若い運動グループがそれを言うのは分かる。しかし、「歴史」社会学者という看板を（特定場面で）外さずにそうした「新しさ」を言い立てることには強い違和を感じる。

私も、２０１１年から表面化してきた「ネトウヨ」たちの路上活動、第二次安倍政権の成立を受けての明白かつ巧妙な右ウィングの操縦に強い危機感を持っていたし、今でも持っている。なので、ヘイトスピーチ反対のデモなどにはコミットしてきたし、反安保法制の国会前デモにも何度も足を運んだ。一市民として、「社会」の声を議会の中に届けたいという強い願いを込めて。

しかし同時に、社会学者として、「１９６８年＝非日常・革命／２０１５＝経済停滞・脆い日常」という小熊氏の明快すぎる対照に、大きな違和感を覚えざるをえなかった。

まず、経済停滞とは言うが、若年就労希望者の雇用状況は少なくとも第二次安倍政権後に「改善」した。ブラック企業もその悪質性が指弾されるようになっている。消費増税を巡るグダグダもあり総体としてのアベノミクスは成功に向かっているとは判断しにくいが、「経済停滞」を前提した漠然とした日常への不安を、２０１５年のデモ参加者たちが持っている、あるいはそれが社会の全体的な意識を反映している、とする根拠は何もない。むしろ、「経済は停滞し、日常的な不安に晒されている」という90年代に流行した「終わりなき日常」論を、現代の若者たちに何とか帰属させようとしているようにしか見えない。

00年代以降にロスジェネとして持ち上げられたり貶されたりした世代はいまや30、40代。彼らの不幸と不安は継続し続けている。その世代に向けて「子どもを産め」と政府が言い出す始末だ。むろん、不幸の質を比較衡量することはできない。しかし「若い人」と「上の世代」を分断させる言葉を社会学者が語るのであれば、相応の根拠が必要であろう。「経済／社会の停滞」「日常の不透明化」というのは、90年代の宮台真司氏の一連の論考のほとんど反復である。それは「経済」や多様な出生コーホートの持つ世代的な問題性を「新しくない」ものとすることに等しい。くどいようだが、一運動家としてならば分かる。しかし、社会科学者がその職責において言うべきことではないと思われる。

そして、さらに深刻なのは、「革命」の大義のもとに不透明化された「日常」の持つ政治性を、紙上、集会、路上で繰り広げてきた人たち、全共闘・新左翼のマチズモに徹底抗戦してきたリブ、女性学、フェミニズムの営為がすっぽりと等閑視されたところに、「革命vs日常」という小熊の対照構図が成り立っているということだ。

「新しさ」を喧伝するのは構わないし、社会運動とは多かれ少なかれそうした側面を持つ。しかし「新しさ」の主張のために、まさに他ならない「日常」を問題化してきたリブ～フェミニズムの流れが顔を出していないことはかなり重篤な「症候」である。運動内の性的役割分担というのは極めて長い歴史を持つ古典的問題である。それを「革命」を夢見る旧世代の人たちの誤認識と断じるのは、意識的であれ日意識的であれ、歴史社会学を標榜する者が公の場ですべきことではない。田中美津論を書いたことのある人であればなおさらのことである。

何やら小熊氏への批判を書き連ねてしまったが、私自身は路上と机上を往還しながら、「新しくなくてもいいじゃないか」という立場で市民として参加してきた。過去の運動との断絶によって見えなくなる問題があるとすれば、それを冷静に把握し、「学者として」できることは何か、ということを、一人の市民としてデモに参加しながら考え続けていた。

「社会」は本当に変わったのか、「昔革命、今日常」という構図は問題がないのか、安保法制が根源的に大問題を孕んでいるのは当然として、それだけでは安倍政権の支持率が下がらないのはなぜなのか、左派に多い「成熟社会」論（とそれと呼応したアベノミクス否定論）のどこが問題なのか。

路上での活動が見事に議会へと届いた形の「反ヘイト法」は成立するし、所属党派を超えて長きにわたるロビー活動の成果もあり、性的マイノリティ差別禁止にかかわる法案も通る。合衆国大統領も広島を訪れるというし、日韓合意もあった（私はかなり批判的だが）。およそ他の自民党総裁・総理大臣がなしえなかったような差別関連法を安倍晋三は通し、外交的な「成果」を上げたのだ。個別の論点については妥協点を模索しつつ、対応してきている。ネガティブ・コールでどうにかなるような相手ではない。

左派、リベラルの人たちがSNSなどで「なぜ安倍政権の支持率が下がらないのか分からない」というような呟きを記しているのを見るたびに、嘆息が漏れる。典型的に「大衆的」な私の親族――東京五輪万歳、天皇家大好き、経済よくなったと感じてる、最近の若者はだらしないと言ってのける、そういう「大衆」にとって、二次安倍政権成立後、社会は「よくなっている」のだ。中国の爆買いは気分が悪く、歴史認識問題を「ぶり返す」韓国に苛立っている。そういう人たちにどれだけ怒り、言葉を尽くして説明してもほぼ伝わらない。それを内田樹氏は「反知性主義」と呼んでいるわけだが、そうした「大衆」が有権者の多くであることは、昔から十分にありうることだ。

15年安保の比ではなく社会問題化し、首相退陣にまで至った60年安保直後の選挙でも、自由民主党は「負けていない」。それを愚衆と蔑視したところで、何の解決にもならない。

必要なのは、正義・権利の貫徹とともに具体的かつ明示的、そして実行可能な幸福の姿を示すこと、そしてその実感を有権者に共有してもらうこと、有権者のニーズを可能なかぎり精査し、その対応について明確にしていくこと。自民のように反差別法や女性政策を切り貼り的に、その場しのぎ的に示していくのではなく、それらの関連性と構造を分かりやすく問題化していくこと。

対抗すべき野党に決定的に欠如しているのはそうした「幸福」への意志表示である。

有権者が本を読まなくなって知識人を馬鹿にするようになって愚衆化したからなどではない。昔から本を読む人間など、数は限られていた。日常の明示的な苦しみを社会問題化し、国会を動かしたのは、難渋な立憲主義を解説する本でも、岡田克也氏の誠実さでもなく、匿名ブログの「保育園落ちた、日本死ね！！！」という言葉だった。

待機児童問題は、地域は限定されるとはいえ、女性の労働、家族・世帯のあり方、少子化問題、そして晩婚化の進んだ団塊ジュニア以降の世代が直面する育児と介護の同期化、といった問題に直結してくる。そうしたニーズを逃さずに捉え、幸福へと転換しうるような制度設計を明示化していくことなくして、現在の政権与党に勝てるはずもない。

もちろん私自身はリベラリストを自認しているので、正義と幸福の関係については、前者の基底性を前提として考えている。だが、「貧すれば鈍する」のも事実であり、そのことを分からない知識人たちのマリー・アントワネットぶりには溜息も出る。正義の基底性を堅持するためにも、人々の正統なニーズ、財を幸福へと変換する仕組みをしっかりとさせなくてはならない。

そんなことを考えて、信用できる研究者たち40名ほどに声をかけて「リベラル懇話会」という政策懇話会を設け、与党第一党である民主党の幹部と4回ほどの勉強会を重ね、2016年2月末に懇話会としての意見書を提出した。参加メンバーは民主党支持者とはかぎらない。

私たちは「経済成長を軽視する左派・リベラルに未来はない」「マイノリティをめぐる基本法の整備が不可欠」というのを旗印に、議論を重ねた。全体的な理論的骨子は、正しさと善さを架橋するアマルティア・センの潜在能力アプローチであり、それを政策として実装することを目指した。いまや民進党となった野党第一党がその意見書をどれだけ真剣に捉えてくれるかは分からない。というよりも、「自民が言う前に言ってほしい」と言っていたことが、ことごとく後手に回っているとの印象もぬぐいえない。

個人的には、自分の無力さを噛みしめるとともに、かなり苛立っている。次回の選挙の「勝利」は自民に改憲をいったん諦めさせる、という程度に低く設定せざるをえないし、それすら達成できるかわからない。世論調査の動向や北海道の補選を見ても分かるように、野党の選挙協力に過度に期待をかけるべきではない。少なくとも「反自民なら共産アレルギーを克服せよ」「利敵行為だ」などという党派性《クリシェ》の論理で他者を責める資格など誰にもない。

もう手遅れになっている気もする。

だから私は5年、10年先を見据えた活動、学者としてできる仕事をしていくことにしようと思っている。

ニヒリズムではない。根性で選挙は勝てないが、握手は重要な武器となる。同じように、知的、政策的な土俵で手を握るドブさらいをし続けていくしかないと思っている。そして日本型の「ソーシャル・リベラル」、社会民主主義が勝てる土壌を志を同じくする友人たちとともに粘り強く耕していきたい。

そのためにできることを考えているところで、路上運動の可能性を最大限に誠実に、まさに身を粉にして追求している五野井郁夫さんと、ラディカルな視点から「安倍的なもの」への舌鋒鋭い批判を繰り出している白井聡さんと、鼎談する機会をいただき、このようにして出版化することになった。

五野井さんと私は路上での運動について、コミットに大きな濃淡はあるが、実は大きな見解の違いはなく、もし運動に問題点などがあるなら、それを修正して前に進むべきであり、「議会」への呼びかけに一定の効果がある、という信念を共有している。と同時に、政治過程において、それが現在の日本において持つ限定性も見据えて、多方面から「自称保守」を叩くべきとも考えている。この若い俊英の友人は、多忙な中、何度も個人的に運動のあり方について議論する機会を作ってくれて、相互に分かり合えることと、妥協できないことを確かめさせてくれた。彼のような存在が、「ばらばら」な運動をそのものとして、しかし、したたかに結びつけていくキー・アクターになるだろう。彼にとってとうてい受け入れがたいような私の主張に耳を傾け、誠実に応答してくれたこの稀有な人材に心から感謝したい。

白井聡さんとはずいぶん昔、『思想地図』という雑誌の編者をしている時に、シンポジウムに参加してもらったという経緯がある。この時代にわざわざレーニンを持ち出すという知的な勇気にまずびっくりしたし、それをポーズなどではなく、本気で誠実に追究していることに深く感心した覚えがある（年齢差があるので、偉そうでごめんなさい）。この本の仕掛け人である毎日新聞の鈴木英生さんが呼びかけた研究会ではすれ違っていたが、「現代において左派であること」をめぐり、真摯な議論を展開している方だと思う。であるがゆえに、本書では、私と白井さんのとりわけ経済や野党連携をめぐる議論はすれ違い続けている。言い方は悪いが、それでいいと思っている。私などは「信用ならない民社党右派」「自民党左派かも」ぐらいの位置づけで十分で、白井さんが私の話にやすやすの乗っかってしまうようでは困る。逆に言うと、白井さんと私が「左派」「リベラル」「左翼」として一括されるような状況が、現在の日本政治の歪みを表しているのではないか。

本書のタイトルは編集の梅山景央さんがつけてくれたものだ。さんざん原稿を遅らせた私が言うのもなんだが、「リベラル」という括りは五野井さんや白井さんに失礼かもしれない（わりと本気で）。私などは現代版ニューディーラー程度のぬるいリベラリストなわけで、本来社会主義者の敵であるべきだ。こんなぬるいのが左に入っていること自体が日本語における「リベラル」という概念が持ってしまった問題性を体現しているといえるかもしれない。

何年後か分からない。白井さんと私が真の意味で「敵陣営」になり、「保守」などどうでもよく、罵倒しあっているような、そんな「正常な」政治地図が出来上がっていることを祈っている。

本書がそうした「正常化」に向けての一助となってくれたら幸いである。

戦後民主主義の虚妄と実在……五野井郁夫

いつの頃からだろうか、日々の暮らしのなかで普通に行われていた会話や報道がなくなり、当たり前に享受できたはずのさまざまな権利が失われていったのは。何のことを言っているのかと疑問を抱く人もいることだろう。でも、わたしが書いているのは、いまこの日本という国に生きていて感じることだ。政府を批判することだけではなく、たんなる事実を述べ、人権や平和、そして正しさを語ることもしだいに許されなくなってきた。不穏な空気が漂い始めている。パリに本部を置くNGO「国境なき記者団」が発表した「報道の自由ランキングンキング」では日本が180ヵ国中、72位だったというが、べつに驚かない。

先の戦争の頃には率先して「人道主義は第五列（敵のスパイ）だ」という説を発表した学者もいたそうだから、平和主義のような理想のみならず、人権のような、現在は当たり前とされている権利をも捨て去るような政治に、我先にと迎合する高名な知識人が遅かれ早かれ出てくるだろう。政治環境をめぐる時代の針は70年以上前の過去に戻りつつあり、すでに決別したはずのさまざまな迷信が息を吹き返しつつある現代に生きるわれわれは、過去の暗い時代を一笑に付すことができなくなりつつある。

暗い時代の予感といえば、かつて鶴見俊輔が日本という漢字を「にっぽん」と発することが多くなってきたときには注意するようにと書いていたのを思い出す。儀式めいた時や非常時に入り、さらに大戦に深入りするにしたがって「にっぽん」が「にほん」をしのいで使用されるようになったのだという。詩人はこうした不穏な空気に敏感で、谷川俊太郎は2016年版の『現代用語の基礎知識』では日本に「にほん」と「にっぽん」というルビをふり使い分けてみせることで、今の時代に警鐘を鳴らしている。少し注意して公共放送のニュース番組を聴くと、はたしてどちらの日本がより多く聞こえるだろうか。われわれもまた「暗い時代の人々」になってしまったのだろうか。

美術家たちも時代の空気を感じとりつつある。2015年には会田誠が東京都現代美術館で今の雰囲気を投影した日本の総理大臣を名乗る男がスピーチをする作品や、政治に対する檄文をパロディ化する展示を行った。この展示に対してクレームが入り、今の政治の空気を忖度した運営側が会田に撤去の圧力をかけた。同様の忖度に基づく圧力は他の美術家たちにも現在進行形でのしかかっている。

近年こうした雰囲気をいち早く察知したのは、ディレクターに森村泰昌を迎えて「華氏451の芸術：世界の中心には忘却の海がある」というテーマを掲げた2014年度の横浜トリエンナーレだった。華氏451度とは紙が燃える温度である。本の検閲と焚書が当たり前となった世界を描いたアメリカのSF小説家、レイ・ブラッドベリの『華氏451度』に由来するものだ。なぜかつては本を自由に読めた世界は、焚書を行うほどまでに不自由な世界になったのか。ブラッドベリは登場人物の一人に以下のように語らせている。

「あんたのまえにおるのは、情けない卑怯者のひとりですよ。このような結果になるのを知りながら、わしは口を噤んで、政府の方針に、ひとことも反対意見を述べなかった。自分に直接関係がないときだけ、あるいは弁護し、あるいはとうとうと攻撃する。そのくせ、自分に罪のかかるおそれがあるときは、口をつぐんでなにもいわない、卑怯なインテリのひとりなんです。ずっとむかしのことになるが、あのかんじんなときにさえ、わしはひとこともしゃべらなんだ」（レイ・ブラッドベリ著／宇野利泰訳『華氏451度』）

では、いつがわれわれにとって「かんじんなとき」なのか。後の時代から振り返ると、2010年代に入って日本政治は「かんじんなとき」の目白押しだったと評されるのかも知れない。政治学者の御厨貴が示したとおり、東日本大震災と原発事故を分水嶺としてこれまでの長い「戦後」が終わり「災後」が始まった（サントリー文化財団「震災後の日本に関する研究会」編、御厨貴・飯尾潤責任編集『「災後」の文明』CCCメディアハウス、2014年）。災後の日本では、デモの隆盛による民主党政権打倒の機運と自民党への政権交代にともなって、皮肉なことに民主党政権時の「原発ゼロ」の閣議決定は事実上撤回された。国民の強い反対を押し切り、強行採決によって特定秘密保護法も成立した。慰安婦問題をめぐり２００７年に日米首脳会談で謝罪したのは安倍総理だったが、朝日新聞の吉田証言にもとづく記事の取り消しで日本政府は「日本の名誉が傷つけられた」と国内向けに喧伝するようになった。集団的自衛権の政府容認の閣議決定も、自衛隊発足60年の節目に合わせてなされた。安保法をめぐっても15年安保という全国規模での歴史的な抵抗がまきおきり、樋口陽一、長谷部恭男、石川健司といった名だたる憲法学者たちが違憲だと主張する中、憲法の改憲手続を経ず、当初は委員会の議事録も作成されないままに強行された。有権者への説明責任を欠いたままの強行採決や憲法上の手続きを迂回した解釈改憲は主権在民を踏みにじり、集団的自衛権の行使容認は、この国の平和主義からの転換を意味する。

次はいよいよ自民党が結党の理念であった改憲に手を伸ばすかという空気になってきた。けれども、与党には自分たちがどの川を渡りつつあるのかという自覚がない。おそらく現在の与党は、自分がいま何に手をかけようとしているのかを理解していないのだ。

現状から云うと、右派間の小異を捨てて宗教勢力までもしたたかに糾合した右派の連合体を内部で止めるものがいなくなりつつある。この国の政治が暴走したときに歯止めをかけるのは憲法、主権者である国民、そしてアメリカだが、２０１３年の安倍総理による靖国参拝に対して、アメリカ政府は「失望」を表明し釘を刺しても、歴史修正主義の暴走は停まらなかった。この「右傾化」が次なる段階にエスカレートすると、自民党の従来の対米追従路線では統御不能な反米の復古的国家主義が噴出するだろう。これが沖縄の基地問題をめぐる怒りと共振したときどうなるのか。

さらに悪いことに神道の団体である神社本庁が組織する神道政治連盟は与党を中心に衆参両院の4割強の議席を有するに至っているが、その主張は「神道精神を国政の基礎に」と「正しい政教関係の確立」という、かつての祭政一致への復古ともとれる戦前のウルトラなナショナリズムへの回帰だ。ゲーテの『魔法使いの弟子』が魔法をかけることはできてもその解き方を知らないように、今の自民党もこの40年ほどで復古的国家主義を新たな票田として開拓しながらも、ウルトラな国家主義者の自動運動の統御の仕方を知らないのである。ついでにいえば、ウルトラナショナリズムの操舵術は世界中で誰も知らない。

もちろん、現行の憲法秩序では祭政一致は不可能である。しかし、安倍政権は集団的自衛権にかんする解釈を180度転換してきたし、また今まで棚上げしてきた新憲法の制定に着手してしまえば、こうした問題は一挙に片が付く。宗教学者の島薗進が『国家神道と日本人』（岩波文庫、2010年）で明らかにしたように、神道を祭祀として他の宗教よりも上の次元に置く祭政一致国家がふたたび地上に出現する可能性を考えておいたほうがよい。

これによって目に見えて最もダメージを被るのは、ほかでもない自民党のパートナーである公明党だろう。安倍政権のブレーンである飯島勲内閣官房参与が2014年6月10日に米ワシントンでの講演で公明党と創価学会との関係について、憲法の定める政教分離の原則に反するがゆえに、公明党に理論的には解党の可能性もあり得るとして「脅し」をかけた「飯島発言」は記憶に新しい。祭政一致の国家が再び出現したとき、公明党がいかに心情倫理から責任倫理へと脱皮してよりリアリスティックな政党になろうとしても、肝心の党が禁止されてしまったら元も子もない。たしかに日蓮は鎌倉幕府への諫言を行い、不屈の精神で勝った。だが、今の時代に日蓮はいないし、かつての日蓮の時代と違って、これから出現するかも知れない国家は、仏教よりも、明治期の作られた伝統である国家神道の再現をもくろんでいる。しかもかつての明治憲法のように、形式的ではあれ近代立憲主義を守ろうとする気概はない。これらの点を読み違えてはならない。

このように、この日本で危殆に瀕している自由と民主主義とは、主権在民、基本的人権の尊重、そして平和主義を基調として戦後日本を築いてきた戦後民主主義に他ならない。それはこの国に住まう人々が長年にわたって育み、守ってきたものでもある。

さらに世界規模でも、近代が達成したはずのさまざまな成果を否定し、迷信や偏見の支配するいわば前近代的な魔術的な世界へと戻ろうとする、世界の再魔術化の傾向が見受けられる。潜在的なテロリズムの恐怖にさいなまれる社会では、ゼノフォビアから難民とテロリストを結びつける言説が容易に流通し、人々の恐怖に乗じて支持層を拡大しようとする極右政党や極右団体が火に油を注いでいる。インターネットは不安や恐怖を助長するばかりだ。人々の日々の漠然とした不安を煽ることで恐怖を増幅させ、さらに偏見やゼノフォビアがかき立てる「わたしの人生がうまくいかないのは、すべてヤツらのせいだ」という誇大妄想から戦争への距離はかぎりなく近い。

偏見と差別、誇大妄想をもたらす有害な言説は、問答無用で打ち消し、押し返さねばならないことは云うまでもない。世界人権宣言が謳い、難民条約が確認しているように、すべての人は、人種、皮膚の色、性、言語、宗教、政治上その他の意見、国民的若しくは社会的出身、財産、門地その他の地位又はこれに類するいかなる事由による差別をも受けることがあってはならないという、われわれが築きあげてきた近代とその基礎となる価値を改めて擁護し徹底的に守り抜く必要が、この時代になって再び生じつつある。だからこそ、日本でも制定されたヘイトスピーチ解消法のようなものが、今後さらに重要になってくる。

われわれが生きている現代とは、この数世紀間積み重ねてきて当たり前と思われていた価値観の存続が危ぶまれている時代なのだ。この時代感覚と危惧感はひとり筆者だけが感じているわけではない。映画監督のウェス・アンダーソンも同様に『グランド・ブダペストホテル』(2014)で、たとえファシズムが政権を掌握し人間性が失われつつある世界でも、近代が築きあげてきた文明のかすかな光の灯火が失われてはならないことを、登場人物に語らせている。とくにレイフ・ファインズ演じる軽薄で虚栄心の強い主人公が、アルメニア難民への非礼を恥じて尊敬すべき一人の人間として歓待するシーンは、いかなる苦境下にあっても、われわれが身を挺してでも守らねばならない近代の諸価観を、明瞭に標示しているのである。

しかしながら世界中でもカナダを除けばリベラルな政党にかつての勢いはなく、知識人や学者も多くが保身のために黙して語らぬ現在、リベラルにはいったい何ができるのか。何から始めたらよいのか。

どんなに戦後民主主義の価値が蹂躙されても、まだこの国には自由と民主主義があることはたしかだ。この国が採用しているはずの現代民主主義の枢要な価値の一つは少数意見の尊重である。この少数の声や反対意見は、けっして多数という数の力には還元されない類の質としての力のはずだ。しかしながら、選挙で選ばれたという民主主義的正当性を盾にして非民主主義的な政策を行い、少数意見を尊重しない剥き出しの権力政治の前では、民主主義の枢要な価値はお題目にすぎないという事態が進行している。選挙結果という民主的正当性の衣を借る非民主主義者による強引な政治には対しては、やはりある程度の数にならなければ、勝つことができない。つまり民主主義の基本原理を守るそぶりもみせず、選挙制度のボーナスで嵩増しされた議席という数の力に頼る政権に対しては、やはり人々の側も数の力に頼むことがひとつの方向性になるだろう。

その際の数とは、選挙運動として選挙権を行使して政治家を選んだり、あるいは被選挙権として政治家に選ばれて議会で立法を行うのみならず、日常生活の中で、われわれが民主主義の政治に政治活動として参加する方法をも意味する。もちろん、選挙によって国会議員を選出することは憲法41条が国会を「国権の最高機関」定めていることからも、最も重要な民主主義の手段の一つだ。だが、いまの選挙制度と議会制民主主義が主権者の声を十全に反映する制度ではないのであれば、われわれは国会という院内に向けて、憲法を遵守させ民主主義を守るために、院外からほんの少しだけ勇気を出して、声を上げようではないか。そして、広く横に繋がろうではないか。

もちろん、横に繋がって団結するだけで自動的に問題は解決されるわけではなく、民主的な手段で権力を再び獲得すべく、リベラルが再起動するための第一歩に過ぎない。

その際、すすんで政治家が耳を傾けてくれるグローバル企業の大株主でもなければ、財界の大物でもないわれわれの多くにとって手持ちのカードとは何であり、今すぐに何ができるのかといえば、それは数という構成的な力の頭数となることだ。内的な階層分化と差異化による潰し合いに陥らず、お互いの差異を保ちつつも、差異を越えて主権者であるわれわれ同士が横に繋がらなければ、こんにちの自由と民主主義の危機に対処することはできない。何度も繰り返すが、右派は多少の差異はあってもなりふり構わず繋がって巨大な連合体の形成に成功しているからこそ、選挙には勝てているのである。

そうと分かれば、野党同士はさらに協力を進めたほうがよいだろう。リベラルの側も傍から見ればどうでもよい内部の「違い」にこだわって、お互いに潰し合っている場合ではない。そんなことを数十年間もやっているから、負けグセが付いて立ち直れないのだ。それどころか、敗北の原因を直視せず、過去の自分語りのノスタルジアにはまり込んでいる者たちがいまだに散見される。

敗北した過去を直視せず美化するようなかつての「雄々しかったあの時のオレ」や、現在まで組織や個人間の協力を阻碍するような「許せないあの時のアイツ」といった自分語りや思い出話に躓いている場合ではない。それよりも重要なのは、どこで失敗したのか、あるいはどういう手法は有効だったのかを精査することである。例えば、なぜ1969年という時代にゲバ棒も政党もない、多くの市民の共感を生んだデモ行進を行えたのかといったような、非暴力が徹底されている現代のリベラル系の社会運動に引き継げる過去のことがらこそ、より知らしめられるべきだろう。

リベラルが勝つためには、与党に負けない横の繋がりを強めていくことが不可避となることは言うまでもない。さらに牧原出が『「安倍一強」の謎』（朝日新書、２０１６年）で提示している野党が与党から政権を奪い返す条件についてもしっかりと押さえておかねばならないし、また政治を語る言葉とそれを伝えるフォントや色合わせ、参加の形式、そしてプラカード一枚にいたるまで、現状勝つことができている文化的次元を一つの手本にして、政治のあらゆる入力と出力を徹底的にデザインしなおす必要がある。

その第一歩としては、まずリベラルをとりまく現状の論点整理と、今後進むべき方向性の具体的な提示から行わねばならない。そんなことを考えていた年長の北田さんから呼びかけがあり、北田さん、白井さんとわたしとで、まずは話し合いの場を作ろうということになった。その際、毎日新聞記者の鈴木英生さんよりご提案があり、まずは毎日新聞紙面で座談を行ったのが、本書のきっかけだ。20年ほどの停滞した新聞の論壇――忖度とバランスとり、両論併記が横行し、何も軸をしめしえなかった――において、鼎談者3名ともみな方向性としてはリベラルという、近年では希有な紙面となったのだった。この軸の打ち出し方は、学者たちだけではできるものではなかった。たとえ社内で後ろ指を指されようともリベラルな言論を支えようという気概を持った本書の4人目の論者であり、そしてもっとも先鋭的な極におられるであろう鈴木さんの姿勢に敬意を表したい。

本来、わたしのような文化的には保守に位置する者が、なぜ今回リベラルとしてカウントされたのか（例えば山崎望編『奇妙なナショナリズムの時代』岩波書店、２０１５年、所収の拙稿「日本の保守主義」を参照されたい）。思い出すと遡ること10年ほど前、朝日新聞論座編集部編の『リベラルからの反撃』という本を故後藤田正晴さんや五百旗頭真先生、田中明彦先生、井上達夫先生らとともに出版したことがあった。故若宮啓文さんが手がけた本で、最後の部をご一緒したのが一回り先輩の北田さんだった。その後、逆風が吹き荒れるなか、リベラルの旗を掲げ続けてきた北田さんの誠実な人格、そして思想的なブレなさとタフさには頭が下がる。

白井さんとの友誼は、同じく２０００年代半ばからともに日本学術振興会の特別研究員に採用された政治学の若手研究者として、さまざまな研究会でお互いユーモアを交えながら、議論をしてきた頃からのものだ。むろんレーニンの『国家と革命』を読む白井さんと、それを転倒させた『革命と国家』を書こうとして挫折した埴谷雄高を読むわたしとでは、話がかみ合った試しなどほとんどないのだが、白井さんの「一面突破、全面展開」なまっすぐさと饒舌さにはいつも励まされてきた。

こんな3名による座談である。会議には遅刻し、放っておけば脱線し、挙げ句の果てに他の予定がバッティングして先に帰る、さらに夜が更ければ場所を移して毎回多量のアルコールと紫煙のなかで続いた勝手気ままな3名の会話を、しっかりと一冊の本にまとめ上げてくれた鈴木さんと編集の梅山景央さんには、感謝の言葉しかない。

ここまで書いてきたが、最後に鼎談では充分に言及できなかった、日本のリベラルにとっての生命線である戦後民主主義の過去と現在をどう見るべきかについて、やや足早に記しておく。

これまでもいくつかの局面で戦後民主主義を否定しようとする動きは過去にもあった。早くも1955年には自民党が結党時の「党の使命」のなかで批判しはじめ、60年安保とその後には、経済学者で評論家の大熊信行によって、日本の戦後の民主主義とは「占領民主主義」であり、占領下で民主主義が育ったというのが「虚妄」だとする説が『中央公論』等に掲載されるようになる。こうした「占領民主主義」論に対して丸山眞男は「私自身の選択についていうならば、大日本帝国の『実在』よりも戦後民主主義の『虚妄』の方に賭ける」と、戦後民主主義を力強く擁護した。さらにその後、吉本隆明や新左翼によって戦後民主主義の核である平和主義そのものが近代のエリート主義でブルジョア的な欺瞞だとの批判を受けることとなるが、後に吉本が消費社会を全肯定してしだいに自壊していくなか、それでも戦後民主主義は生き残ってきた。

今や少なくとも平和憲法と戦後民主主義は「虚妄」ではなくなり、70年近くこの国で継続している「実在」の憲法と政治の体制となった。本来的な保守主義の側からすれば、こうした歴史性を獲得したことで正当性を帯びるようになる時効（prescription：エドマンド・バークが提唱）という概念の対象となり、時効の憲政（prescriptive constitution）として現行憲法が認識されねばならないはずだ。国家体制としての戦後民主主義は明治期以降の祭政一致国家よりはまだ短いものの、憲法体制としては1890年から1947年まで続いた大日本帝国憲法よりも、日本国憲法のほうが長生きである。だが、この数十年の間に伸張してきた明治への先祖返りたる超国家主義的傾向を掲げる人々の心性は、メディアは「保守」と形容するものの実際には本来の伝統的な保守主義者ではなく、どちらかといえば国粋主義者のそれに近い。したがってのような者たちにとっては、明治国家こそ「実在」であろう。このように、平和憲法と戦後民主主義に対しては3度目の「虚妄」と見なされる事態に直面しているのだ。

このような危機に対しては、やはり丸山に倣って「私自身の選択についていうならば、大日本帝国の『実在』よりも戦後民主主義の『虚妄』の方に賭ける」という立場もあろう。わたしはといえば、戦後民主主義の「実在」の方に賭けてみたい。

いずれにせよ、戦後70年まで迎えられた戦後民主主義を、戦後100年できるかどうかは、今後のわれわれの頑張りに懸かっているのである。

北田暁大（きただ・あきひろ）

1971年、神奈川県生まれ。東京大大学院博士課程退学。東京大学教授・社会学。リベラル懇話会委員。著書に『嗤う日本の「ナショナリズム」』(NHK出版)など。

白井 聡（しらい・さとし）

1977年、東京都生まれ。一橋大大学院博士課程単位取得退学。京都精華大学人文学部教員・政治思想。立憲デモクラシーの会呼びかけ人。著書に『永続敗戦論——戦後日本の核心』(太田出版)など。

五野井郁夫（ごのい・いくお）

1979年、東京都生まれ。東京大大学院博士課程修了。高千穂大学准教授・民主主義論。立憲デモクラシーの会呼びかけ人。著書に『「デモ」とは何か——変貌する直接民主主義』(NHK出版)など。

リベラル再起動《さいきどう》のために

印刷　2016年6月1日　　発行　2016年6月15日

著　者　北田暁大《きただあきひろ》／白井《しらい》 聡《さとし》／五野井郁夫《ごのいいくお》

発行人　黒川昭良

発行所　毎日新聞出版

〒102-0074 東京都千代田区九段南1-6-17 千代田会館5F

営業本部　03-6265-6941

図書第二編集部　03-6265-6746

印刷・製本　図書印刷

ISBN978-4-620-32387-9